AF581985

RINASCERE TRA LE SBARRE

UN CAMMINO VERSO LA LIBERTÀ INTERIORE

ARTURO JOSE SANCHEZ HERNANDEZ

2024

RINASCERE TRA LE SBARRE

Prima edizione. 27 novembre 2024.

Scritto da Arturo José Sánchez Hernández.

DEDICA

A tutti coloro che sono intrappolati dietro muri, visibili o invisibili. Che questa guida possa portare speranza, forza e il coraggio di scoprire la libertà interiore e scrivere una nuova storia.

RINGRAZIAMENTI

Questo libro non sarebbe stato possibile senza il supporto e l'ispirazione di molte persone. La mia più profonda gratitudine va a coloro che hanno condiviso con me le loro storie e esperienze; la loro forza e volontà di cambiare sono il cuore di queste pagine.
Grazie alla mia famiglia e ai miei amici, che mi hanno incoraggiato a credere in questo progetto, e a tutti coloro che mi hanno accompagnato nel mio percorso di trasformazione.
Un ringraziamento speciale a tutti coloro che si dedicano al lavoro nelle istituzioni penitenziarie e che credono instancabilmente che ogni persona meriti un'opportunità per un nuovo inizio. Il loro impegno ispira e dimostra che la speranza può brillare anche nei luoghi più bui.
Infine, grazie a te, caro lettore, per la tua fiducia. Che questo libro possa aiutarti a scoprire la forza e la luce che già dimorano dentro di te.

INDICE

PREFAZIONE

Questo libro che hai tra le mani non è solo una raccolta di parole, ma un invito a intraprendere un viaggio di trasformazione interiore. Rinascere tra le Sbarre nasce dalla necessità di dare voce a chi, dietro i muri di una prigione, ha trovato la speranza, la resilienza e il potere di costruire una nuova versione di sé stesso. Sebbene le sbarre siano fisiche, spesso le barriere più difficili da superare sono quelle che abbiamo eretto dentro di noi.

Per coloro che si trovano privati della libertà, la sfida non è solo scontare una pena, ma anche affrontare i propri errori, riconoscerli e usarli come trampolino di lancio verso una vita migliore. Rinascere tra le Sbarre è un cammino verso la libertà che inizia dall'anima, dal desiderio profondo di cambiamento e dalla volontà di trasformare la sofferenza in crescita personale.

Questo libro vuole essere un faro di speranza, un compagno di viaggio che dimostra come il dolore possa essere sfruttato, come una caduta non definisca il futuro e come ogni persona abbia il potere di decidere che tipo di storia vuole scrivere. Attraverso lezioni di resilienza, strategie pratiche e riflessioni personali, Rinascere tra le Sbarre intende aiutare a trasformare l'oscurità in luce, a costruire un futuro più degno e libero, indipendentemente dalle circostanze del presente.

Non si tratta di cancellare il passato, ma di imparare da esso, di trovare la pace interiore attraverso il perdono, la gratitudine e la riconciliazione. Questo libro è scritto per tutti coloro che, indipendentemente dalla loro situazione, cercano una nuova opportunità per rinascere, per liberarsi dal peso dei propri errori e costruire una versione migliore di sé stessi.

Spero che queste pagine ti ispirino a guardare oltre le sbarre, visibili e invisibili, e ti aiutino a trovare il potere e la luce che risiedono dentro di te. Questo viaggio è difficile, ma la ricompensa —la libertà interiore— è immensamente preziosa.

Con rispetto e speranza,

Dr. Arturo José Sánchez Hernández

L'autore.

~~~

IL POTERE DELLA SPERANZA: TRASFORMARE L'OSCURITÀ IN LUCE

La speranza è una delle forze più potenti che possiamo coltivare, soprattutto nei momenti di maggiore avversità. Nella vita, tutti affrontiamo situazioni difficili, e stare in prigione può sembrare la fine di tutto ciò che conosciamo e amiamo. Tuttavia, la speranza ha il potere di trasformarci, di essere quella piccola ma costante scintilla che illumina il cammino quando tutto sembra avvolto dall'oscurità.

Il Seme della Speranza

Immagina un seme in mezzo a una terra arida e screpolata. Quel seme, apparentemente solo, è circondato da condizioni sfavorevoli. Eppure, dentro di sé, custodisce la forza per germogliare e crescere. La speranza agisce nello stesso modo nelle nostre vite: è la forza che ci mantiene saldi e ci spinge a crescere, anche quando tutto sembra andare contro di noi.

La Speranza in Prigione

Stare in prigione può essere un tempo di grande oscurità e incertezza. Le giornate sembrano interminabili e la routine può logorare lo spirito. Ma è proprio in questi momenti che la speranza diventa essenziale. Avere speranza significa credere che, anche se oggi è difficile, domani può essere migliore.

Significa confidare che il tempo in prigione può trasformarsi in un'opportunità di crescita personale, di conoscenza di sé e di riflessione. Può essere un momento per riscoprirti e decidere che tipo di persona vuoi essere.

La Realtà e il Potere della Speranza

La speranza non consiste nell'ignorare la realtà o nel mascherare ciò che accade. Non nega le difficoltà, ma ci dà uno scopo e un motivo per alzarci ogni mattina, anche nei momenti più complicati. È lo strumento che ci permette di guardare oltre le mura che ci circondano, di vedere un futuro diverso e, cosa più importante, di lavorare per raggiungerlo.

Piccole Azioni che Nutrono la Speranza

La speranza si nutre di piccole azioni. Ogni passo che fai per migliorarti, ogni sforzo per imparare qualcosa di nuovo, ogni giorno in cui decidi di andare avanti è un atto di speranza. Col tempo, queste piccole azioni creano grandi cambiamenti. Può trattarsi di imparare una nuova abilità, di aiutare qualcuno, di scrivere i tuoi pensieri o di fare esercizio per prenderti cura del tuo corpo. Ognuna di queste cose, per quanto piccola possa sembrare, contribuisce alla trasformazione che desideri in te stesso.

Esempi di Trasformazione Attraverso la Speranza

La storia è piena di esempi di persone che, nonostante abbiano affrontato situazioni estreme, persino la prigione, sono riuscite ad andare avanti, a reinventarsi e a contribuire positivamente alla società. Queste storie non si sono costruite perché tutto era facile, ma perché c'era speranza: una visione di qualcosa di migliore che le ha guidate nel loro percorso. La speranza ci ricorda che non siamo le nostre circostanze e che possiamo sempre aspirare a essere migliori.

CONSIDERAZIONI FINALI

Se oggi ti trovi in un luogo oscuro, ricorda che l'oscurità non dura per sempre. La speranza è la luce che può guidarti e, anche se piccola, è sufficiente per fare il passo successivo. Mantieni viva quella speranza. Credi nel futuro che vuoi costruire e usa ogni giorno per fare un passo avanti verso di esso.

~~~

MANTIENI VIVA LA SPERANZA: STRATEGIE PRATICHE PER ANDARE AVANTI

Nella vita, la speranza è quella scintilla che ci spinge a proseguire anche quando tutto sembra difficile. Per chi si trova in prigione, dove l'ambiente può essere scoraggiante, è fondamentale trovare modi per mantenere viva la speranza. La speranza non è solo un sentimento; è una scelta e un'abitudine che si coltiva giorno dopo giorno. Oggi esploreremo alcune strategie pratiche che possono aiutarti a tenere accesa quella fiamma e a continuare il tuo cammino, un passo alla volta.

Visualizza un Futuro Migliore

Uno dei modi più potenti per mantenere viva la speranza è visualizzare un futuro migliore. L'immaginazione ha un potere immenso: ti permette di proiettarti in un luogo diverso da quello in cui ti trovi ora e di costruire un ponte tra il presente e il futuro desiderato. Immagina come vorresti che fosse la tua vita una volta uscito: riunirti con i tuoi cari, trovare un lavoro che ti appassioni o semplicemente vivere in pace. Dedica qualche minuto ogni giorno a questa visualizzazione, dettagliando ogni immagine e provando l'emozione di quei momenti futuri. Tenere viva questa visione ti ricorderà perché vale la pena andare avanti.

Concentrati sui Piccoli Successi Quotidiani

Essere in prigione può far sembrare le giornate monotone, ma trovare piccoli successi quotidiani può cambiare la prospettiva e alimentare la speranza. Hai imparato qualcosa di nuovo oggi? Hai avuto una conversazione significativa? Hai fatto esercizio, scritto un paragrafo o trovato un momento di calma? Tutti questi sono successi. Non hai bisogno di grandi traguardi per festeggiare. I piccoli passi contano, e ognuno di essi è un segnale che stai avanzando verso un futuro migliore. Fare una lista dei successi quotidiani, per quanto piccoli, può essere uno strumento potente per mantenere una mentalità positiva.

Circondati di Pensieri Positivi

I nostri pensieri hanno un impatto diretto su come ci sentiamo e affrontiamo la giornata. È facile lasciarsi trascinare da pensieri negativi, soprattutto in un ambiente difficile come la prigione. Tuttavia, circondarti di pensieri positivi può fare una grande differenza. Inizia ogni giorno con un'affermazione positiva, come "Oggi posso fare qualcosa per migliorare la mia vita" o "Ho la capacità di cambiare il mio futuro". Scrivi frasi incoraggianti e mettile in un posto dove puoi vederle, oppure recitale quando ti senti giù. Circondati anche di persone che, pur trovandosi nelle stesse circostanze, cercano di mantenere un atteggiamento costruttivo. Condividere parole di incoraggiamento e supporto reciproco può aiutare a mantenere viva la speranza di tutti.

Pratica la Gratitudine

La gratitudine è essenziale per coltivare la speranza. Nonostante le difficoltà, c'è sempre qualcosa per cui essere grati: una lettera ricevuta, una conversazione sincera, il semplice fatto di svegliarti un altro giorno e avere l'opportunità di migliorare. Praticare la gratitudine ti aiuta a concentrarti su ciò che hai, invece di ciò che ti manca, ed è una fonte costante di speranza. Ogni giorno, trova almeno una cosa per cui essere grato e rifletti sopra.

Prenditi Cura del Corpo e della Mente

Mantenere viva la speranza dipende anche dal prendersi cura del proprio benessere fisico e mentale. Fare esercizio regolare, anche in uno spazio limitato, aiuta a liberare le tensioni e a mantenere uno stato d'animo positivo. Praticare la meditazione o la respirazione consapevole è utile per calmare la mente e connettersi con il presente. Quando ti prendi cura del tuo corpo e della tua mente, stai inviando a te stesso un messaggio: "Mi importa di me stesso, e sto lavorando per il mio bene".

CONSIDERAZIONI FINALI

Mantenere la speranza in un luogo dove il tempo sembra essersi fermato non è facile, ma è possibile. Visualizzare un futuro migliore, celebrare i piccoli successi, circondarsi di pensieri positivi, praticare la gratitudine e prendersi cura del proprio benessere fisico e mentale sono strumenti che ti aiuteranno a sostenere quella speranza. Giorno dopo giorno, ricorda che l'oscurità non dura per sempre e che la luce di cui hai bisogno è dentro di te, pronta per essere accesa.

~~~

L'IMPORTANZA DI UNA MENTALITÀ POSITIVA: CAMBIARE DA DENTRO

Il modo in cui pensiamo influenza profondamente il modo in cui viviamo. Questo è ancora più vero quando affrontiamo situazioni difficili, come il trovarsi in prigione. In questi momenti, una mentalità positiva non è solo uno strumento facoltativo, ma una necessità che può cambiare la nostra percezione del presente e la visione del nostro futuro. Coltivare un atteggiamento positivo ha il potere di trasformare la nostra realtà, influenzare le nostre decisioni e, soprattutto, migliorare il nostro stato emotivo. In questo articolo esploreremo perché una mentalità positiva è essenziale e come iniziare questo cambiamento dall'interno.

Il Cambiamento Interno Inizia con l'Atteggiamento

Un atteggiamento positivo non significa ignorare i problemi né fingere che tutto vada bene quando non è così. Si tratta di adottare una prospettiva che ci consenta di vedere le difficoltà come opportunità per imparare e crescere. L'atteggiamento positivo è il primo passo verso il cambiamento interno perché modifica il modo in cui interpretiamo ciò che ci accade. Invece di sentirci bloccati o impotenti, iniziamo a vedere possibilità, anche in mezzo alle avversità.

Le circostanze esterne non sono sempre sotto il nostro controllo, ma il nostro atteggiamento sì. Quando decidiamo di essere positivi, scegliamo di concentrarci su ciò che possiamo fare, invece che su ciò che non possiamo. Questa scelta influenza le nostre emozioni, permettendoci di affrontare ogni giorno con maggiore forza e resilienza.

Come la Mentalità Positiva Influenza le Decisioni

Una mentalità positiva non migliora solo il nostro stato emotivo, ma influisce anche sulla qualità delle nostre decisioni. Di fronte a una sfida, un atteggiamento negativo può portarci alla disperazione o allo scoraggiamento, facendoci prendere decisioni impulsive o facendoci arrendere. Al contrario, una mentalità positiva ci consente di analizzare le situazioni con calma, valutare le opzioni e scegliere la migliore alternativa.

Ad esempio, se decidi di concentrarti su ciò che puoi fare, inizierai a prendere decisioni che ti avvantaggiano. Potresti decidere di imparare una nuova abilità, leggere un libro che ti ispiri o lavorare per migliorare una relazione. Questi piccoli passi, guidati da una mentalità positiva, si trasformano in decisioni significative che ti avvicinano a un futuro migliore.

Influenza sulle Emozioni

I nostri pensieri e le nostre emozioni sono strettamente collegati. Una mentalità negativa alimenta emozioni come rabbia, frustrazione o tristezza. D'altra parte, scegliere pensieri positivi coltiva emozioni più salutari, come speranza, pace e gioia. Questo non significa che non proverai mai tristezza o rabbia, ma una mentalità positiva ti aiuterà a gestire meglio quei momenti difficili e a non rimanere bloccato in essi.

Pensare positivamente manda un messaggio alla tua mente: vale la pena andare avanti e sei capace di superare le difficoltà. Questa fiducia in te stesso rafforza il tuo benessere emotivo e ti permette di affrontare ogni giorno con una migliore disposizione.

Strategie per Coltivare una Mentalità Positiva

Coltivare una mentalità positiva è un processo quotidiano. Ecco alcune strategie che possono aiutarti:

1-Affronta ogni giorno con affermazioni positive: Inizia la mattina con frasi come "Oggi darò il meglio di me stesso" o "Ho il potere di cambiare la mia vita". Queste frasi, anche se semplici, hanno un grande impatto quando vengono ripetute con convinzione.

2-Concentrati sugli aspetti positivi: Anche nei giorni difficili, cerca di trovare qualcosa di positivo. Può essere un piccolo successo, una conversazione gentile o il semplice fatto di essere rimasto forte fino a quel momento.

3-Circondati di buone influenze: I pensieri delle persone che ti circondano influenzano anche la tua mentalità. Cerca di relazionarti con chi vuole migliorarsi, chi è positivo e chi sostiene gli altri.

4-Pratica la gratitudine: Dedica ogni giorno un momento per riflettere sulle cose per cui sei grato. Questo ti aiuterà a focalizzarti su ciò che hai di buono e a sentirti più ottimista.

CONSIDERAZIONI FINALI

Una mentalità positiva è la chiave per iniziare un cambiamento interno e trasformare la nostra realtà. Non possiamo cambiare tutte le circostanze, ma possiamo cambiare il modo in cui le affrontiamo. Con un atteggiamento positivo, puoi influenzare le tue decisioni, migliorare le tue emozioni e, alla fine, costruire una vita più soddisfacente, anche nei momenti più bui. Ricorda che, anche se non puoi controllare tutto ciò che ti accade, puoi sempre controllare come reagisci a esso.

~~~

IL POTERE DELLA RESILIENZA: RIALZATI E CRESCI AD OGNI CADUTA

La vita è piena di sfide, momenti difficili e cadute che a volte sembrano impossibili da superare. Tuttavia, esiste una qualità che ci permette non solo di sopravvivere a queste difficoltà, ma di uscirne più forti e saggi: la resilienza. La resilienza è la capacità di rialzarsi dopo ogni caduta, di trasformare il dolore e l'avversità in opportunità di crescita. Oggi voglio parlarti del potere della resilienza e di come può aiutarti a trasformare la tua vita, anche nelle circostanze più difficili.

Che Cos'è la Resilienza?

La resilienza è quella forza interiore che ti spinge ad andare avanti, anche quando tutto sembra remarti contro. È la capacità di adattarsi, imparare e crescere dalle esperienze difficili. La resilienza non significa non sentire dolore o non essere colpiti dalle difficoltà, ma, nonostante il dolore, decidere di rialzarsi e continuare a lottare per un futuro migliore.

Quando ti trovi in prigione, può essere facile sentire che il mondo si sia fermato e che il futuro sia incerto. Ma è proprio in questi momenti di avversità che la resilienza diventa più importante. Essere resilienti non significa solo sopravvivere al tempo trascorso in prigione, ma anche uscire da questa esperienza più forte, più saggio e pronto a costruire una vita migliore.

Impara da Ogni Caduta

Nella vita, tutti affrontiamo delle cadute. A volte commettiamo errori, prendiamo decisioni sbagliate e affrontiamo le conseguenze delle nostre azioni. Ma queste cadute non devono definirci. Ogni caduta è un'opportunità per imparare, riflettere su ciò che ci ha portato a quel punto e trovare modi per fare meglio in futuro.

La resilienza ti permette di guardare ogni errore, ogni ostacolo, e chiederti: "Cosa posso imparare da questo?". Invece di vedere le difficoltà come la fine del cammino, puoi vederle come parte del processo di crescita. Ogni caduta è una lezione, e ogni volta che ti rialzi, sei più vicino alla persona che vuoi diventare. La resilienza ti insegna a non arrenderti, a mantenere viva la speranza e a utilizzare ogni esperienza come un gradino verso un futuro migliore.

La Resilienza Come Forza per il Futuro

Essere resilienti non significa solo sopravvivere ai momenti difficili, ma uscirne con una nuova prospettiva e la forza per affrontare ciò che verrà. La resilienza ti permette di guardare oltre le sfide attuali e di concentrarti sulle possibilità del futuro. Quando sei resiliente, ti rendi conto che, non importa quanto sia stato difficile il passato, puoi sempre rialzarti e costruire qualcosa di nuovo.

Ogni giorno è una nuova opportunità per essere resiliente. Può trattarsi di qualcosa di semplice, come mantenere un atteggiamento positivo, imparare qualcosa di nuovo o impegnarti a migliorare in un'area della tua vita. Questi piccoli atti di resilienza si accumulano e ti rafforzano per affrontare sfide più grandi. La resilienza non riguarda l'essere invincibili, ma il saper essere flessibili, adattarsi e imparare. È la forza che ti permette di trasformare le difficoltà in opportunità di crescita.

Come Coltivare la Resilienza

1-Accetta le Difficoltà: La vita ha momenti difficili, e accettarli è il primo passo per essere resiliente. Non combattere contro la realtà; accetta le sfide e concentrati su come superarle.

2-Trova l'Insegnamento in Ogni Situazione: Ogni esperienza, per quanto difficile, ha qualcosa da insegnarci. Cerca sempre la lezione e usala per crescere e migliorare.

3-Mantieni una Mentalità Positiva: L'atteggiamento con cui affronti le sfide fa la differenza. Mantieni viva la speranza e concentrati sulle possibilità, non sulle limitazioni.

4-Prenditi Cura di Te Stesso: La resilienza implica anche prendersi cura di sé. Fai esercizio, segui una buona alimentazione, dormi a sufficienza e dedica tempo ad attività che ti fanno stare bene. Un corpo forte aiuta a mantenere una mente forte.

5-Circondati di Sostegno Positivo: Le persone che ti circondano possono essere una grande fonte di supporto. Cerca relazioni che ti incoraggino, ti ispirino e ti aiutino a mantenere la motivazione nei momenti difficili.

CONSIDERAZIONI FINALI

La resilienza è la capacità di rialzarsi dopo ogni caduta, di trasformare il dolore e l'avversità in opportunità di crescita. Essere resilienti non significa che non sentirai il dolore delle sfide, ma che, nonostante esso, decidi di andare avanti e lottare per un futuro migliore. Ogni caduta è una lezione, e ogni volta che ti rialzi, ti rafforzi e ti prepari per affrontare ciò che verrà. Oggi voglio incoraggiarti a sviluppare questa resilienza, a ricordarti che puoi sempre rialzarti e a sapere che ogni difficoltà è solo una parte del percorso verso una vita più forte e saggia.

___

UTILIZZA IL DOLORE: COSTRUISCI UNA VERSIONE MIGLIORE DI TE STESSO

Il dolore è un'esperienza che tutti affrontiamo in qualche momento della nostra vita. Può essere fisico, emotivo o spirituale, e spesso si presenta come un peso che ci impedisce di andare avanti. Tuttavia, la sofferenza può anche diventare uno strumento potente per la crescita personale. Per chi si trova in prigione, il dolore può sembrare travolgente, ma può anche trasformarsi in un motore che spinge verso una trasformazione positiva. Oggi rifletteremo su come la sofferenza e le esperienze difficili possano essere un mezzo per costruire una versione migliore di noi stessi.

Il Dolore Come Opportunità di Crescita

Quando attraversiamo momenti di dolore, è naturale voler fuggire, evitarlo o semplicemente smettere di sentirlo. Tuttavia, il dolore ha anche un lato trasformativo. In quei momenti di maggiore vulnerabilità, ci troviamo faccia a faccia con le nostre debolezze, paure e insicurezze. Ed è proprio lì, in quella vulnerabilità, che si nasconde l'opportunità di crescita.

Il dolore ci costringe a riflettere su chi siamo e su ciò che vogliamo per il nostro futuro. Invece di vederlo come un nemico, possiamo considerarlo un maestro che ci spinge a cambiare, a migliorare e a sviluppare capacità che altrimenti non avremmo scoperto. Accettare la sofferenza come parte del processo di crescita ci dà la forza per trasformarci e trovare uno scopo anche nelle situazioni più difficili.

Rafforzati Interiormente

Le esperienze difficili hanno il potenziale di rafforzarci interiormente. Non si tratta di ignorare ciò che fa male, ma di affrontarlo con coraggio. Ogni volta che scegli di affrontare il dolore invece di evitarlo, sviluppi resilienza e coltivi una forza interiore che ti permette di superare qualsiasi ostacolo.

Pensa al dolore come al processo di forgiare l'acciaio. Perché l'acciaio diventi più forte, deve passare attraverso il fuoco. Allo stesso modo, le esperienze dolorose sono quel fuoco che, pur bruciando, ci permette di rafforzarci. Quando impari a sopportare il dolore e a usarlo come fonte di motivazione, stai forgiando una versione più resistente di te stesso.

Trasformati Attraverso la Sofferenza

Molte persone hanno trovato nella sofferenza la scintilla di cui avevano bisogno per cambiare la loro vita. Il dolore può essere il punto di svolta che ti spinge a prendere decisioni diverse, a impegnarti per un futuro migliore e a rompere con schemi del passato che non ti servono più.

Riflettere sugli errori, imparare da essi e usare quelle lezioni per trasformarti è uno dei modi più potenti per utilizzare il dolore a tuo vantaggio. Essere in prigione può essere un'esperienza piena di dolore, solitudine e rimpianto. Ma può anche essere un momento per riflettere e riscoprire chi sei e chi vuoi diventare. Invece di lasciare che il dolore ti consumi, usalo per alimentare il tuo desiderio di migliorarti, trovare uno scopo e costruire una vita piena di significato. Ogni momento di sofferenza è un'opportunità per crescere, per comprenderti meglio e per impegnarti a cambiare positivamente.

Strategie per Usare il Dolore Come Strumento di Crescita

1-Scrivi le tue emozioni: Mettere per iscritto ciò che provi è un modo efficace per elaborare il dolore. Tenere un diario ti aiuta a comprendere meglio le tue emozioni e a vedere come quelle esperienze contribuiscano alla tua crescita.

2-Rifletti sulle lezioni apprese: Ogni esperienza dolorosa porta con sé una lezione. Rifletti su ciò che hai imparato e su come queste lezioni possano aiutarti a diventare una versione migliore di te stesso.

3-Cerca supporto: Parlare con altre persone del tuo dolore, condividere le tue esperienze e ascoltare quelle degli altri ti aiuta a sentirti meno solo e a trovare nuove prospettive. Il supporto reciproco è uno strumento potente per la trasformazione.

4-Fissa obiettivi partendo dal dolore: Usa il dolore come motivazione per fissare obiettivi. Può trattarsi di qualcosa di piccolo all'inizio, come migliorare un aspetto della tua salute o imparare qualcosa di nuovo. Ogni obiettivo raggiunto ti ricorda che il dolore non ti definisce, ma sei tu a controllarlo.

CONSIDERAZIONI FINALI

Il dolore è una parte inevitabile della vita, ma può anche essere un potente strumento per la crescita personale. Affrontando la sofferenza con coraggio, puoi trasformarla in un motore che ti spinge a costruire una versione migliore di te stesso. Anche se le esperienze difficili possono sembrare insuperabili, ogni momento di dolore è un'opportunità per riflettere, crescere e rafforzarti interiormente. Ricorda che, anche se il dolore fa parte della tua storia, non deve essere la fine. Hai il potere di usare quella sofferenza per creare un nuovo inizio, più forte e pieno di scopo.

~~~

TRASFORMA I TUOI ERRORI IN LEZIONI: IL TUO FUTURO NON È DEFINITO DAL PASSATO

Tutti commettiamo errori. Fa parte dell'essere umani. Gli errori del passato possono essere dolorosi, causare rimpianti e farci sentire che non ci sia modo di rimediare. Tuttavia, ciò che conta davvero non è l'errore in sé, ma ciò che facciamo dopo averlo commesso. Gli errori non devono definire il tuo futuro. Possono diventare lezioni preziose che ti aiutano a crescere e migliorare. Oggi voglio invitarti a vedere gli errori del passato non come catene che ti legano al senso di colpa, ma come opportunità di apprendimento e crescita.

Gli Errori Non Definiscono Chi Sei

A volte è facile pensare che, per aver commesso errori, non abbiamo più la possibilità di cambiare. Forse senti il peso delle tue decisioni passate e credi che questo sia tutto ciò che sarai. Ma questa è un'idea sbagliata. Il tuo passato non deve definire chi sei o chi sarai in futuro. Ogni errore può essere un'opportunità per riflettere, imparare e migliorare.

Il primo passo per trasformare un errore in una lezione è accettare che tutti, senza eccezioni, commettiamo errori. La cosa importante è ciò che facciamo con queste esperienze. Rimarrai intrappolato nel senso di colpa o sceglierai di imparare e crescere da esse? La decisione spetta a te, e la buona notizia è che puoi sempre scegliere di andare avanti.

Gli Errori Come Opportunità di Apprendimento

Quando commetti un errore, hai due opzioni: rimpiangerlo per sempre e rimanere bloccato nel passato, oppure imparare da quell'esperienza e usarla per costruire un futuro migliore. Gli errori ci insegnano cose preziose su noi stessi e sul mondo che ci circonda. Ci mostrano le nostre debolezze e le aree in cui possiamo migliorare, e ci spingono a essere più consapevoli delle nostre decisioni in futuro.

Ogni errore contiene una lezione, e sta a te trovarla. Se hai preso una decisione sbagliata, chiediti: "Cosa mi ha portato a prendere quella decisione?", "Cosa potrei fare diversamente la prossima volta?". Analizzando gli errori in modo obiettivo e senza giudicarti, ti dai l'opportunità di imparare e di diventare una versione migliore di te stesso. Ricorda che ogni esperienza, anche quelle negative, può essere una fonte di apprendimento se scegli di vederla in questo modo.

Liberati dalle Catene del Senso di Colpa

Il senso di colpa è un peso che ti impedisce di andare avanti. Sentire senso di colpa quando commettiamo un errore è naturale, ma rimanere bloccati in esso non ti aiuterà a crescere o a cambiare. Il senso di colpa ti tiene ancorato al passato, mentre l'apprendimento ti spinge verso il futuro. Per trasformare i tuoi errori in lezioni, è importante liberarsi dal senso di colpa e concentrarsi su ciò che puoi fare oggi per migliorarti.

Il perdono, soprattutto verso te stesso, è un passo fondamentale in questo processo. Perdonarti non significa giustificare i tuoi errori, ma riconoscere che sei umano, che hai commesso un errore e che sei disposto a imparare da esso. Liberandoti dal senso di colpa, crei spazio per la crescita e la possibilità di scrivere un nuovo capitolo nella tua vita.

Come Trasformare gli Errori in Lezioni

1-Rifletti sull'Errore: Prenditi del tempo per riflettere su ciò che è accaduto. Analizza cosa ti ha portato a commettere quell'errore e cosa avresti potuto fare diversamente. La riflessione è fondamentale per imparare ed evitare di ripetere gli stessi errori in futuro.

2-Identifica la Lezione: Chiediti cosa puoi imparare da quell'esperienza. Forse hai imparato qualcosa su te stesso, sui tuoi limiti o sull'importanza di ascoltare gli altri. Identificare la lezione ti aiuterà a trasformare quell'errore in qualcosa di positivo.

3-Impegnati a Cambiare: Una volta che hai identificato la lezione, impegnati a cambiare. Definisci come agirai in modo diverso la prossima volta che ti troverai in una situazione simile. L'impegno al cambiamento è ciò che ti permetterà di crescere ed evolvere.

4-Perdonati: Lascia andare il senso di colpa e comprendi che commettere errori fa parte dell'essere umani. Perdonati e concentrati sul presente, su ciò che puoi fare oggi per migliorarti.

CONSIDERAZIONI FINALI

Gli errori del passato non devono definire il tuo futuro. Ogni errore può essere un'opportunità di apprendimento e crescita se scegli di vederlo in questo modo. Invece di rimanere intrappolato nel senso di colpa, scegli di trasformare i tuoi errori in lezioni che ti aiutino a diventare una versione migliore di te stesso. Ricorda sempre che il passato è già passato, ma il futuro è pieno di possibilità. Hai il potere di cambiare e di costruire un futuro migliore, usando ogni lezione appresa per andare avanti con più forza e saggezza.

~~~

SEI TU A DECIDERE CHE TIPO DI STORIA SCRIVERE: COSTRUISCI IL TUO FUTURO

Nella vita, tutti abbiamo una storia, e ogni giorno è una nuova pagina bianca che ci offre l'opportunità di scrivere il prossimo capitolo. A volte, il passato può sembrare un peso che ci trattiene, pieno di errori, momenti bui e rimpianti. Ma ciò che conta davvero non è come è iniziata la storia, bensì come scegliamo che continui. Oggi voglio ricordarti che tu sei l'autore della tua vita e hai il potere di decidere che tipo di storia vuoi scrivere da questo momento in poi. Con scelte più sagge e consapevoli, puoi creare un futuro pieno di speranza e crescita.

Il Passato Non Definisce il Tuo Futuro

Il passato fa parte della tua storia, ma non deve definire il tuo futuro. Anche se hai affrontato momenti difficili o commesso errori, hai sempre la possibilità di cambiare la direzione della tua vita. Ogni giorno è una nuova opportunità per scrivere un nuovo capitolo, in cui scegli di essere più forte, più saggio e più consapevole delle tue decisioni.

È facile pensare che, a causa degli errori del passato, non meritiamo un futuro migliore o che le nostre possibilità siano limitate. Ma non è così. Ognuno di noi ha il potere di cambiare la propria storia. Le decisioni che prendi oggi determineranno il tipo di vita che avrai domani. Prendendo il controllo della tua narrativa personale, puoi lasciarti alle spalle gli errori e scegliere il percorso che desideri veramente seguire.

Prendi il Controllo della Tua Narrazione Personale

Prendere il controllo della tua narrazione significa decidere come vuoi che si sviluppi la tua storia, anche se l'inizio non è stato perfetto. Immagina che la tua vita sia un libro e tu ne sia l'autore. I capitoli precedenti sono già scritti, ma il prossimo è ancora bianco. Puoi scegliere come scriverlo, quali cambiamenti fare e quali nuove opportunità creare.

Inizia riflettendo su che tipo di persona vuoi essere. Come vuoi essere ricordato? Quali valori guideranno le tue decisioni? Queste domande sono fondamentali per prendere il controllo della tua narrazione e definire la direzione che desideri seguire. Facendolo, ti renderai conto che il potere di cambiare e di creare una nuova storia è dentro di te.

Non importa quanto sia stato buio il passato, puoi sempre scegliere un nuovo percorso. Ogni giorno puoi prendere decisioni che ti avvicinino alla persona che desideri diventare. Ogni piccolo sforzo conta: imparare qualcosa di nuovo, essere gentile con te stesso, aiutare gli altri, sviluppare un'abitudine positiva. Tutto questo contribuisce alla storia che stai scrivendo. Sei tu a decidere se il prossimo capitolo sarà uno di crescita, superamento e speranza.

Prendi Decisioni Consapevoli per un Futuro Migliore

Per scrivere una storia migliore, è importante prendere decisioni consapevoli. Molte volte, gli errori del passato sono stati commessi perché abbiamo agito senza pensare, senza considerare le conseguenze. Ora è il momento di cambiare questo. Ogni decisione ha il potere di avvicinarti o allontanarti dal futuro che desideri. Essere consapevoli delle tue scelte, riflettere prima di agire e scegliere con saggezza ti permette di prendere il controllo della tua vita e di creare una storia diversa.

Decidere che tipo di storia scrivere significa anche circondarti di persone che ti sostengano, che ti ispirino e che ti incoraggino a migliorarti. Costruisci relazioni che ti aiutino a crescere, che ti ricordino che sei capace di cambiare e che ti diano la forza di andare avanti. Circondandoti di persone positive e prendendo decisioni che riflettano i tuoi valori, stai scrivendo un capitolo pieno di speranza e possibilità.

Ricorda che ogni decisione conta, anche le più piccole. Spesso, i cambiamenti più significativi nascono da passi apparentemente semplici. Quando decidi di andare avanti, anche solo con un piccolo passo, dimostri il tuo impegno verso un futuro diverso. Non sottovalutare il potere di una buona decisione presa al momento giusto; potrebbe essere l'inizio di una trasformazione profonda della tua storia.

CONSIDERAZIONI FINALI

Sei tu a decidere che tipo di storia scrivere. Anche se il passato ha avuto momenti bui, ciò non significa che il futuro debba essere lo stesso. Ogni giorno è una nuova opportunità per prendere il controllo della tua narrazione personale e decidere come vuoi che si sviluppi la tua vita. Con scelte più sagge e consapevoli, puoi costruire un futuro pieno di speranza, crescita e opportunità. Ricorda sempre che il potere di cambiare e di scrivere una nuova storia è nelle tue mani. Ogni giorno è una pagina bianca, e tu sei l'autore.

~~~

COSTRUISCI UNA BASE SOLIDA PER LA TUA FUTURA LIBERTÀ: RAGGIUNGI IL TUO VERO POTENZIALE

La libertà è qualcosa che tutti desideriamo, ma la vera libertà non si limita solo all'uscire da un luogo fisico. La libertà autentica implica vivere pienamente, in pace, con la capacità di prendere decisioni sagge e costruire un futuro positivo. Il tempo trascorso in prigione, anche se può sembrare una pausa nella vita, è un'opportunità per prepararsi e costruire una base solida per il futuro. Oggi parleremo di come il lavoro interiore e la preparazione personale possono essere fondamentali per una vita di successo e libertà una volta riconquistata la tua indipendenza.

Il Lavoro Interiore: Costruire Resilienza e Pace

Il lavoro interiore è uno dei modi più potenti per prepararsi alla futura libertà. Si tratta di conoscere te stesso, capire le tue emozioni, le tue debolezze e i tuoi punti di forza, e lavorare per diventare una versione migliore di te stesso. Rifletti sulle esperienze del passato e sugli errori commessi, ma fallo senza giudicarti. Ogni errore è un'opportunità di apprendimento e ogni giorno una nuova possibilità per crescere.

Praticare la meditazione, la respirazione profonda, scrivere un diario sui tuoi pensieri ed emozioni e dedicare tempo alla riflessione personale sono modi efficaci per lavorare sul tuo benessere interiore. Più ti conosci e più sei in pace con te stesso, meglio sarai preparato ad affrontare le sfide del futuro. La resilienza che costruisci ora sarà la tua più grande alleata quando ritroverai la libertà.

Educazione e Competenze: Prepararti a una Nuova Vita

Il tempo trascorso in prigione può essere un'opportunità per istruirti e sviluppare competenze che ti saranno utili in futuro. L'istruzione è uno strumento potente che può aprire porte e offrirti opportunità una volta fuori. Puoi imparare un mestiere, migliorare la tua istruzione formale o acquisire conoscenze su argomenti che ti interessano. Tutto ciò che impari ora ti aiuterà ad avere una base più solida per costruire una vita di successo e piena di possibilità.

Oltre all'istruzione formale, è importante lavorare su competenze pratiche utili nella vita quotidiana. Questo include imparare a gestire le tue finanze, sviluppare abilità di comunicazione efficace e migliorare la tua capacità di risolvere problemi. Queste competenze non solo ti aiuteranno a trovare opportunità di lavoro, ma ti permetteranno anche di affrontare la vita con maggiore fiducia e sicurezza.

Rafforza Relazioni Positive

Le relazioni personali sono fondamentali per una vita piena e in libertà. Approfitta di questo tempo per rafforzare le relazioni con chi ti sostiene, crede in te e desidera vederti avere successo. La comunicazione onesta e il rispetto sono le basi di qualsiasi relazione sana. Ricostruire la fiducia con i tuoi cari può richiedere tempo, ma ogni sforzo conta e può essere un grande sostegno quando ritroverai la libertà.

È altrettanto importante circondarti di persone che ti spingano a migliorarti, che ti motivino a crescere e ad andare avanti. Mantieni il contatto con chi rappresenta un'influenza positiva nella tua vita e impara a identificare e allontanarti dalle influenze negative che potrebbero deviare i tuoi obiettivi. Le relazioni sane saranno la chiave per avere una vita equilibrata e di successo dopo la prigione.

Il Valore del Proposito

Trovare un proposito è uno dei modi più potenti per costruire una base solida per il futuro. Chiediti cosa ti motiva, cosa ti dà energia e quale tipo di contributo vuoi offrire al mondo. Avere un proposito chiaro ti darà una direzione, qualcosa per cui lavorare ogni giorno, qualcosa che ti spinga a proseguire anche nei momenti difficili.

Un proposito chiaro ti aiuterà anche a mantenerti concentrato ed evitare di ricadere in vecchi schemi negativi. Quando hai un obiettivo definito e un proposito che ti appassiona, sei più motivato a prendere decisioni che ti avvicinano a quel traguardo e a evitare quelle che potrebbero mettere a rischio il tuo benessere e la tua libertà. Questo proposito diventa la bussola che ti guiderà verso una vita migliore e più soddisfacente.

CONSIDERAZIONI FINALI

La libertà è molto più che uscire da un luogo fisico; è la capacità di vivere una vita piena, in pace e con uno scopo. Sfrutta il tempo in prigione per costruire una base solida per la tua futura libertà. Lavora sul tuo benessere interiore, istruisciti, sviluppa competenze pratiche, rafforza relazioni positive e trova un proposito che ti ispiri. Tutto ciò che fai oggi ti aiuterà a essere meglio preparato per il momento in cui ritroverai la libertà e ti permetterà di costruire una vita di successo, ricca di opportunità e libera dalle limitazioni del passato.

~~~

AUTODISCIPLINA E ROUTINE QUOTIDIANA POSITIVA: COSTRUISCI ABITUDINI SANE PER UNA VITA PIENA DI SIGNIFICATO

L'autodisciplina è la capacità di mantenere il focus e la determinazione per raggiungere i nostri obiettivi, anche quando le circostanze sono difficili. In un ambiente come la prigione, avere autodisciplina e creare una routine quotidiana positiva può essere la chiave per mantenere la speranza, trovare un senso e rafforzare mente e corpo. Abitudini sane, come l'esercizio quotidiano, la meditazione e altre attività che diano struttura alla giornata, ci aiutano a gestire meglio le sfide e a crescere interiormente. Oggi voglio parlarti dell'importanza dell'autodisciplina e di come una routine quotidiana positiva possa trasformare la tua vita, anche in un contesto complicato.

L'Autodisciplina Come Pilastro della Trasformazione

L'autodisciplina è la capacità di prendere il controllo delle nostre azioni e decisioni, ed è essenziale per qualsiasi cambiamento positivo nella nostra vita. A volte può sembrare più facile lasciarsi andare e perdere la motivazione, soprattutto quando le circostanze non sono ideali. Tuttavia, è proprio in quei momenti che l'autodisciplina diventa il nostro più grande alleato.

Sviluppando l'autodisciplina, hai l'opportunità di creare una struttura quotidiana che ti consenta di sfruttare al massimo il tempo, mantenere la mente attiva e concentrarti su ciò che conta davvero. L'autodisciplina ti aiuta a stabilire abitudini sane che diano significato a ogni giorno, ti permettano di migliorarti gradualmente e ti offrano uno scopo anche in mezzo alle difficoltà. Ricorda che ogni piccolo sforzo che fai oggi, per quanto possa sembrare insignificante, ti avvicina alla migliore versione di te stesso.

Crea una Routine Positiva

Una routine quotidiana positiva offre struttura e stabilità, fondamentali per il benessere mentale ed emotivo, specialmente in un ambiente come la prigione. Avere una routine ben definita ti aiuta a mantenere il focus, a sentirti padrone della tua vita e a dare un senso a ogni giorno. Ecco alcune abitudini sane che possono far parte della tua routine quotidiana:

1-Esercizio Quotidiano: L'esercizio è uno dei modi migliori per prenderti cura del tuo corpo e della tua mente. Non hai bisogno di una palestra per allenarti; puoi fare esercizi semplici, come flessioni, squat o camminate nello spazio disponibile. L'esercizio migliora la tua condizione fisica, ti aiuta a liberare le tensioni, a ridurre lo stress e a migliorare l'umore.

2-Meditazione o Respirazione Consapevole: La meditazione e gli esercizi di respirazione consapevole sono eccellenti per calmare la mente e ridurre l'ansia. Dedica qualche minuto al giorno a meditare o a concentrarti sul respiro; questo ti aiuterà a trovare pace interiore e a affrontare le sfide con un atteggiamento più positivo.

3-Lettura e Apprendimento: Mantieni la mente attiva imparando qualcosa di nuovo ogni giorno. La lettura è un ottimo modo per acquisire conoscenze, ampliare la prospettiva e stimolare il cervello. Puoi leggere su argomenti che ti interessano, sullo sviluppo personale o su qualsiasi cosa ti ispiri. Apprendere qualcosa di nuovo ogni giorno ti permette di crescere e di mantenere alta la motivazione.

4-Stabilisci Obiettivi Quotidiani: Stabilire piccoli obiettivi per ogni giorno ti aiuta a mantenere il focus e ti dà un senso di realizzazione. Questi obiettivi non devono essere grandi; possono essere semplici come dedicare tempo alla lettura, fare una routine di esercizi o riflettere su qualcosa di importante. Ogni volta che raggiungi un obiettivo, rafforzi la tua autodisciplina e ti avvicini ai tuoi traguardi più grandi.

5-Scrivi un Diario: Tenere un diario è un ottimo modo per riflettere sui tuoi pensieri ed emozioni. Ti aiuta a conoscerti meglio, a comprendere come ti senti e a elaborare le esperienze. Dedica qualche minuto ogni giorno a scrivere le tue riflessioni, i tuoi obiettivi e i tuoi successi; è un modo potente per mantenere una connessione con te stesso e dare significato a ogni giorno.

L'Importanza della Costanza

Il vero potere dell'autodisciplina e di una routine quotidiana positiva risiede nella costanza. Non si tratta di fare qualcosa di grande una sola volta, ma di compiere piccoli sforzi ogni giorno. La costanza ti permette di trasformare queste piccole abitudini in uno stile di vita che rafforzi fisico, mente ed emozioni.

Mantenere una routine quotidiana non è sempre facile, soprattutto in circostanze difficili, ma è proprio in quei momenti che hai più bisogno di quella struttura che ti aiuti a rimanere saldo e concentrato. Ogni giorno è una nuova opportunità per migliorare, crescere e fare un passo avanti verso il futuro che desideri.

CONSIDERAZIONI FINALI

L'autodisciplina e una routine quotidiana positiva sono essenziali per mantenere il benessere fisico, mentale ed emotivo, specialmente in un contesto difficile come la prigione. Creare abitudini sane, come l'esercizio, la meditazione, la lettura e la riflessione quotidiana, ti permette di dare struttura e significato a ogni giorno, ti aiuta a mantenere il focus e ti prepara ad affrontare le sfide con una mentalità più forte e positiva. Ricorda sempre che ogni piccolo sforzo conta e che la costanza è la chiave per costruire una vita piena di scopo e significato.

~~~

PICCOLI PASSI VERSO IL CAMBIAMENTO: MIGLIORARE UN PO' ALLA VOLTA

Quando ti trovi in un ambiente difficile come la prigione, l'idea di cambiare può sembrare impossibile. Le limitazioni dell'ambiente, le barriere e la routine quotidiana possono far sembrare il cambiamento fuori portata. Tuttavia, ogni grande cambiamento inizia con un piccolo passo. Non è necessario trasformare la tua vita da un giorno all'altro; bastano piccoli passi costanti per costruire qualcosa di diverso e positivo. Oggi parleremo di come, nonostante le difficoltà, sia possibile fare passi verso il cambiamento e iniziare a migliorare la tua vita fin da ora.

L'Importanza dei Piccoli Passi

È facile pensare che solo i grandi cambiamenti abbiano valore, ma in realtà i cambiamenti più duraturi iniziano in piccolo. Ogni piccola azione, ogni sforzo per imparare qualcosa di nuovo o riflettere sugli errori, è un passo avanti. Quando sei in prigione, può sembrare che ci siano poche possibilità di cambiare, ma i piccoli passi sono un modo potente per mantenere viva la speranza e preparare il terreno per un futuro migliore.

È importante ricordare che, anche se l'ambiente è difficile, il tuo atteggiamento e le decisioni che prendi ogni giorno sono sotto il tuo controllo. Questi piccoli passi non solo ti aiutano a migliorare un po' alla volta, ma dimostrano anche che sei capace di prendere in mano la tua vita, anche nelle circostanze più difficili. L'essenziale è non scoraggiarti; ogni giorno conta, e ogni piccolo sforzo che fai è un seme piantato per il futuro.

Istruisciti e Impara

Uno dei passi più importanti verso il cambiamento è l'istruzione. Non deve essere un grande programma di studi; ogni libro che leggi e ogni cosa nuova che impari è un passo verso un te migliore. L'istruzione ti permette di ampliare la tua prospettiva, capire meglio il mondo e prepararti per le opportunità che verranno quando uscirai di prigione. Può trattarsi di imparare qualcosa di pratico, come un mestiere, o semplicemente di leggere su argomenti che ti interessano.

Tutto ciò che impari ti rafforza e ti rende più capace. Inoltre, l'istruzione ti aiuta a trovare un senso di scopo e ti offre qualcosa di positivo su cui concentrarti, mantenendo la mente attiva e orientata alla crescita personale. Ogni conoscenza acquisita è un mattoncino in più per costruire il tuo futuro.

Rifletti Sugli Errori del Passato

Un altro piccolo passo verso il cambiamento è la riflessione. Prenderti del tempo per pensare al passato e alle decisioni che ti hanno portato fin qui non serve per punirti, ma per imparare. Riflettere sugli errori ti permette di capire come potresti agire diversamente in futuro e diventare una versione migliore di te stesso.

Questo processo di riflessione è essenziale per la crescita personale e per assicurarti che, quando sarà il momento di uscire, sarai pronto a prendere decisioni che ti porteranno verso un futuro più positivo. La riflessione ti aiuta anche a identificare schemi comportamentali che ti hanno danneggiato e a lavorare per cambiarli, evitando così di ripetere gli stessi errori.

Elabora Piani per il Futuro

L'ambiente può essere limitato, ma la tua mente è infinita. Sfrutta il tempo per fare piani per il futuro. Immagina come ti piacerebbe che fosse la tua vita quando uscirai: riconnetterti con la tua famiglia, imparare un mestiere o lavorare per aiutare altri che hanno vissuto situazioni simili.

Fare piani ti dà un senso di scopo e qualcosa per cui lavorare ogni giorno. Questi piani possono essere semplici, come migliorare la tua salute fisica, o ambiziosi, come imparare una nuova professione. La chiave è avere qualcosa che ti spinga a proseguire e ti ispiri a migliorarti. Fare piani ti dà anche una visione chiara di dove vuoi andare, fondamentale per mantenere la motivazione nei momenti difficili.

Celebra i Piccoli Successi

Ogni piccolo passo conta, ed è importante riconoscere e celebrare questi successi. Magari oggi hai letto un capitolo di un libro, hai avuto una conversazione significativa con qualcuno o semplicemente sei rimasto positivo in un momento difficile.

Questi piccoli successi si sommano e sono ciò che, giorno dopo giorno, fa la differenza. Celebrare ogni progresso, per quanto piccolo, ti mantiene motivato e concentrato sul cammino verso il cambiamento. Inoltre, riconoscere i tuoi successi è un modo per valorizzare gli sforzi che stai facendo, aiutandoti a mantenere un atteggiamento positivo e a proseguire con maggiore determinazione. Ogni successo, per quanto piccolo, è una prova che stai avanzando e che il cambiamento è possibile.

CONSIDERAZIONI FINALI

Il cambiamento non avviene sempre in modo rapido o spettacolare. Spesso, il vero cambiamento avviene poco alla volta, gradualmente. Nonostante l'ambiente difficile, ogni giorno è una nuova opportunità per avanzare verso un futuro migliore. Istruirti, riflettere sul passato, fare piani per il futuro e celebrare i piccoli successi sono modi per iniziare questo cambiamento già da oggi.

Ricorda che, anche se il cammino è difficile, ogni sforzo che fai ti avvicina sempre di più alla persona che vuoi diventare. Non importa quanto piccole possano sembrare le azioni; ciò che conta è andare avanti con determinazione e fiducia, sapendo che ogni passo contribuisce a un futuro più positivo e ricco di opportunità.

~~~

SFRUTTA COSTRUTTIVAMENTE IL TEMPO IN CARCERE: IL TEMPO È VITA

Il tempo è una delle risorse più preziose che abbiamo. Indipendentemente dalle circostanze, ogni momento conta e può essere utilizzato per andare avanti. Per chi si trova in prigione, è facile pensare che il tempo sia fermo, che i giorni passino senza senso e che la vita sia in pausa. Tuttavia, la realtà è che il tempo che trascorri in carcere è ancora tuo e ha un grande valore se scegli di sfruttarlo. Anche in prigione, quel tempo rimane vita e può essere un'opportunità per imparare, riflettere e lavorare su te stesso.

Il Tempo Come Opportunità

Ogni giorno, ogni ora e ogni minuto che trascorri in prigione è un'opportunità di cambiamento. È un tempo che puoi utilizzare per crescere, conoscerti meglio e costruire una versione migliorata di te stesso. Forse non puoi controllare dove ti trovi in questo momento, ma puoi controllare come decidi di usare il tuo tempo.

Invece di vedere ogni giorno come qualcosa da sopportare, puoi considerarlo come un dono: un'opportunità per trasformare la tua vita dall'interno. Il valore del tempo risiede in ciò che ne facciamo. Anche nelle circostanze più difficili, c'è sempre qualcosa che possiamo fare per avanzare, anche solo con piccoli passi. Sfruttare il tempo per imparare, riflettere sul passato e costruire un futuro diverso è il modo migliore per dare significato a ogni momento trascorso in prigione.

Impara e Cresci

Uno dei modi migliori per sfruttare il tempo in carcere è attraverso l'apprendimento. L'istruzione è uno strumento potente che ti permette di acquisire nuove conoscenze e ampliare la tua mente. Puoi imparare attraverso libri, corsi o anche parlando con altri che hanno esperienze diverse. Imparare una nuova abilità, un mestiere o semplicemente qualcosa che ti ha sempre interessato è un modo per utilizzare il tuo tempo per crescere e prepararti al futuro.

L'apprendimento non solo ti permette di acquisire conoscenze pratiche, ma ti aiuta anche a costruire fiducia in te stesso. Ogni cosa nuova che impari è un promemoria che sei capace di cambiare la tua vita. Essere in prigione non deve essere un tempo sprecato; al contrario, può essere il momento in cui cresci di più, in cui scopri di più su te stesso e in cui ti prepari meglio per un futuro migliore.

Rifletti e Riscopriti

Il tempo in prigione è anche un'opportunità per la riflessione. Nella frenesia della vita quotidiana, spesso non abbiamo tempo per fermarci e pensare veramente alle nostre decisioni, alle nostre azioni e a ciò che vogliamo per il futuro.

La prigione, anche se è un ambiente difficile, offre uno spazio per quella riflessione profonda che spesso evitiamo. Riflettere sul passato non significa punirti, ma imparare. Chiediti: "Quali decisioni mi hanno portato fin qui?" e, più importante, "Cosa voglio cambiare da ora in poi?". Sfruttare questo tempo per conoscerti meglio, riscoprire i tuoi valori e definire che tipo di persona desideri essere è una delle cose più preziose che puoi fare con il tempo che hai.

Lavora su Te Stesso

Il tempo in prigione può anche essere utilizzato per lavorare su te stesso. Non importa quali circostanze ti abbiano portato fin qui, hai sempre il potere di decidere chi vuoi essere da ora in avanti.

Lavorare su te stesso significa prenderti cura della tua salute fisica, mentale ed emotiva. Fare esercizio, imparare a gestire lo stress, praticare la pazienza, coltivare l'empatia e rafforzare le tue capacità sociali sono modi per crescere e diventare una versione migliore di te stesso.

Ogni piccolo sforzo conta. Fare esercizio regolarmente ti aiuta a sentirti più forte e a mantenere una mente più chiara. Praticare la meditazione o dedicare qualche minuto alla respirazione profonda può aiutarti a gestire meglio lo stress e l'ansia. Dedicare tempo alla scrittura o all'espressione dei tuoi pensieri ed emozioni è un modo potente per lavorare sul tuo benessere emotivo. Tutto questo contribuisce a farti trovare meglio preparato per affrontare la vita con una mentalità positiva e rinnovata quando arriverà il momento di uscire.

CONSIDERAZIONI FINALI

Il tempo è vita, e ogni momento conta, anche in prigione. Nonostante le circostanze, il tempo che trascorri in prigione è prezioso, e puoi decidere di usarlo per imparare, riflettere e lavorare su te stesso. Ogni giorno è un'opportunità per avanzare, crescere e prepararti a un futuro diverso e migliore.

Anche se sei in prigione, la tua vita è ancora tua, e il tempo che hai è un dono che puoi utilizzare per costruire una versione più forte, più saggia e più piena di scopo di te stesso. Sfrutta ogni momento per investire in te stesso e per prepararti a vivere una vita significativa e positiva una volta ritrovata la libertà.

~~~

IN CARCERE PUOI, POCO A POCO, RAGGIUNGERE UNA VERSIONE MIGLIORATA DI TE STESSO

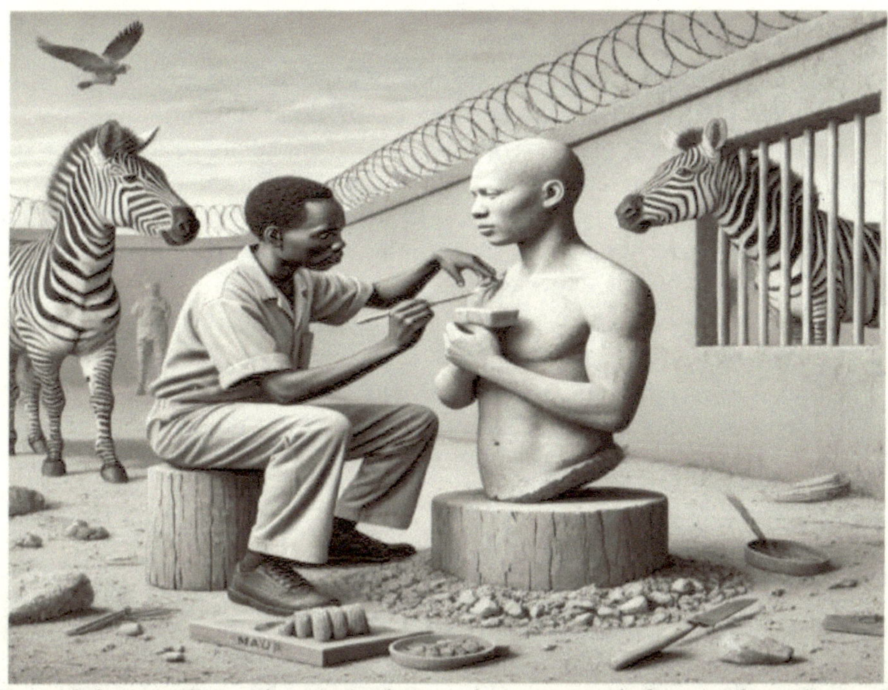

La prigione può sembrare un luogo dove tutto si ferma, dove i sogni rimangono sospesi e il futuro appare incerto. Tuttavia, la verità è che ogni giorno offre l'opportunità di migliorare, lavorare su te stesso e crescere. Con pazienza e impegno, è possibile costruire una versione migliorata di te stesso: più forte, più saggia e più resiliente. Oggi parleremo di come, nonostante le circostanze, puoi migliorarti giorno per giorno sviluppando abitudini positive e competenze che ti consentano di essere una persona migliore.

Migliora Poco a Poco: La Pazienza è la Chiave

Il cambiamento vero non avviene dall'oggi al domani; si costruisce gradualmente, con pazienza e costanza. Quando sei in prigione, è facile sentire che il tempo non passa o che non ci sia molto da fare per migliorarsi. Tuttavia, anche in quell'ambiente, ogni piccolo passo conta. Ogni volta che scegli di fare qualcosa di positivo per te stesso, che decidi di imparare qualcosa di nuovo o di adottare un'abitudine salutare, stai costruendo una versione più avanzata di te stesso.

La chiave è avere pazienza con te stesso e riconoscere che il cambiamento richiede tempo. Migliorarsi non è una corsa; è un processo continuo che si sviluppa giorno dopo giorno. Ogni piccolo sforzo che fai ti avvicina alla versione più forte e saggia di te stesso che desideri diventare.

Sviluppa Abitudini Positive

Uno dei passi più importanti per migliorarsi è sviluppare abitudini positive che ti aiutino a crescere. La lettura è una delle migliori forme per farlo. Leggere ti permette di apprendere cose nuove, ampliare la tua mente e vedere il mondo da prospettive diverse. Puoi iniziare leggendo argomenti che ti interessano, sullo sviluppo personale, sulla storia o anche romanzi che ti ispirano. La lettura mantiene attiva la tua mente e ti ricorda che c'è sempre qualcosa di nuovo da imparare.

Anche l'esercizio fisico è un'abitudine positiva che ha un grande impatto sul tuo benessere. Non hai bisogno di una palestra per prenderti cura del tuo corpo; con esercizi semplici puoi mantenerti in forma e alleviare le tensioni. L'esercizio non solo migliora la tua salute fisica, ma ha anche un impatto positivo sul tuo umore, aiutandoti a sentirti più forte e più in controllo della tua vita.

Competenze Emotive e Sociali

Lavorare sulle tue competenze emotive e sociali è fondamentale per costruire una versione migliorata di te stesso. La prigione è un luogo impegnativo, e imparare a gestire le emozioni in modo sano può fare una grande differenza. La pazienza, l'empatia e la capacità di gestire la rabbia sono competenze che puoi sviluppare gradualmente. Puoi iniziare imparando a riconoscere le tue emozioni, capire cosa le scatena e reagire in modo più positivo.

Anche la comunicazione è una competenza importante. Imparare a comunicare in modo efficace, ascoltare gli altri ed esprimere i tuoi sentimenti in modo chiaro e rispettoso ti aiuterà a costruire relazioni migliori con chi ti circonda. Lavorare su queste competenze emotive e sociali non solo ti sarà utile durante il tempo in prigione, ma diventerà una risorsa fondamentale per avere successo una volta riconquistata la libertà.

Ogni Piccolo Sforzo Conta

È importante ricordare che ogni piccolo sforzo conta. Non è necessario fare grandi cambiamenti subito; ogni piccolo miglioramento è un passo avanti. Può essere semplice come dedicare qualche minuto al giorno per riflettere su come ti senti, praticare la meditazione per calmare la mente o scrivere in un diario i tuoi pensieri e obiettivi.

Questi piccoli passi, se fatti con costanza, hanno il potere di trasformare la tua vita in modo significativo. Lavorare su te stesso richiede impegno, ma è l'investimento migliore che puoi fare. Ogni giorno che scegli di migliorarti, di imparare qualcosa di nuovo o di sviluppare una competenza, ti avvicini alla versione avanzata di te stesso che desideri essere.

CONSIDERAZIONI FINALI

Anche in prigione, hai il potere di costruire una versione migliorata di te stesso, poco a poco, con pazienza e impegno. Sviluppare abitudini positive come la lettura e l'esercizio, lavorare sulle competenze emotive e sociali e riconoscere che ogni piccolo sforzo conta sono le chiavi per migliorarti ogni giorno.

La prigione non deve essere un luogo dove il tempo si perde; può diventare uno spazio in cui trovi il coraggio per trasformarti, per diventare più forte, più saggio e più resiliente. Ricorda sempre che ogni giorno è una nuova opportunità per andare avanti e costruire una versione migliore di te stesso.

~~~

SCONTARE LA TUA PENA: UN NUOVO INIZIO CON LIBERTÀ E SENZA DEBITI

Il percorso che affronti durante il tempo in prigione può essere difficile, pieno di alti e bassi, momenti di riflessione e apprendimento. Ma c'è qualcosa di molto importante da ricordare: quando avrai scontato la tua pena, avrai saldato il tuo debito con la società. È in quel momento che il passato può essere lasciato alle spalle e si apre l'opportunità di ricominciare, libero dai sensi di colpa e con la possibilità di scrivere un nuovo capitolo della tua vita. Oggi rifletteremo sul potere di questo nuovo inizio e su come prepararti per sfruttare al meglio questa occasione.

Saldo del Debito: Un Nuovo Inizio

Entrare in prigione comporta l'instaurarsi di un debito con la società, un periodo in cui si pagano gli errori commessi e si riflette sull'impatto di quelle decisioni. La buona notizia è che quel debito ha una fine. Al termine della pena, avrai pagato per ciò che hai fatto e dimostrato la tua volontà di affrontare le conseguenze. In quel momento, non dovrai più nulla a nessuno: sarà il punto di partenza per una nuova opportunità.

Ricorda che il passato non deve definire chi sei nel futuro. Una volta concluso il tuo periodo di detenzione, hai il diritto di cercare una nuova vita, di ripartire da zero e vivere con dignità e senza sensi di colpa. Questo è il momento per lasciarti alle spalle il peso del passato e costruire qualcosa di nuovo, qualcosa che rifletta la versione migliore di te.

Libertà per Scrivere un Nuovo Capitolo

Uscire dal carcere significa avere la possibilità di scrivere un nuovo capitolo della tua vita. È il momento di decidere quale tipo di vita vuoi vivere e quale tipo di persona desideri essere. Hai la capacità di costruire un futuro pieno di significato, e anche se il cammino può sembrare difficile, ricorda che hai la forza e il potere di realizzarlo. Ogni giorno è una pagina bianca, e hai la penna in mano per scrivere ciò che vuoi.

Pensa alle lezioni che hai imparato durante il tempo trascorso in prigione. Ogni momento difficile, ogni errore e ogni riflessione possono essere la base su cui costruire un futuro diverso e migliore. Non permettere che i sensi di colpa o i rimpianti del passato continuino a definirti una volta scontata la tua pena. Quel capitolo è finito; ora hai la libertà di scriverne uno nuovo, pieno di speranza, crescita e opportunità.

Preparati per il Futuro

Il momento in cui uscirai dal carcere rappresenta una nuova opportunità, ma è importante essere pronti per coglierla al meglio. Durante il periodo di detenzione, puoi iniziare a prepararti per questo nuovo inizio. Impara tutto ciò che puoi, sviluppa nuove competenze, lavora sul tuo benessere emotivo e mentale e rafforza il tuo carattere. Tutto ciò che fai oggi ti aiuterà ad essere meglio preparato per affrontare il mondo esterno.

Lavora sulle tue relazioni personali, pensa alle persone che vuoi avere vicino e a come puoi contribuire positivamente alla loro vita. Riconnettiti con i tuoi valori e definisci quali sono i tuoi obiettivi per il futuro. Cosa vuoi realizzare? Come desideri contribuire alla società? Sono domande che puoi iniziare a rispondere per tracciare il percorso che vuoi seguire.

Senza Colpa, con Determinazione

Uno degli aspetti più importanti da ricordare è che, una volta scontata la tua pena, hai il diritto di vivere senza sensi di colpa. Hai adempiuto a ciò che la società ti ha richiesto, e ora è il momento di concentrarti su di te, sui tuoi sogni e sul tuo scopo. Non lasciare che lo stigma del passato ti impedisca di andare avanti. La colpa e il rimpianto possono essere un peso pesante, ma hai saldato il tuo debito, e ora è il momento di liberarti di quel peso e proseguire con determinazione.

Cammina a testa alta, riconoscendo che il passato non ha più potere su di te. Sei libero di costruire una vita diversa, creare opportunità e dimostrare a te stesso e agli altri che il cambiamento è possibile. La società ti deve una seconda opportunità, e tu la devi a te stesso.

CONSIDERAZIONI FINALI

Quando avrai scontato la tua pena, non dovrai più nulla a nessuno. Hai saldato il tuo debito con la società, e questo ti dà la possibilità di ricominciare, libero dai sensi di colpa e con la capacità di scrivere un nuovo capitolo della tua vita. Sfrutta ogni giorno che hai per prepararti a questo nuovo inizio, e ricorda sempre che il passato non ti definisce: sono le decisioni che prendi oggi e domani a contare davvero.

La vita ti offre una nuova opportunità, e hai il potere di coglierla al massimo. Fai di ogni momento una possibilità per costruire un futuro pieno di speranza, crescita e soddisfazione.

~~~

IL POTERE DEL PERDONO E DELLA RICONCILIAZIONE: UN CAMMINO VERSO LA PACE INTERIORE

Il perdono è una parola semplice, ma il suo potere è immenso. Perdonare non è facile e, a volte, perdonare se stessi è ancora più difficile. Tuttavia, il perdono è un passo cruciale verso la pace interiore e la ricostruzione della propria vita. Per chi si trova in carcere, dove gli errori del passato pesano sulla mente e sul cuore, il perdono diventa una porta verso la libertà emotiva. Oggi esploreremo il valore del perdono e della riconciliazione e come possano aiutarti a trasformare la tua vita dall'interno.

Perdona Te Stesso

Perdonare se stessi può essere uno degli atti più difficili, ma è anche uno dei più necessari per andare avanti. Tutti commettiamo errori, ma rimanere intrappolati nel rimorso costante non cambia il passato, aumenta solo la sofferenza. Perdonarti non significa giustificare i tuoi errori, ma accettare di aver sbagliato e riconoscere che ora hai l'opportunità di imparare da quelle scelte per diventare migliore.

Perdonarti ti permette di liberarti dal peso della colpa che porti con te. È il primo passo per creare una versione nuova di te stesso, pronta a imparare, a migliorare e a non lasciare che il passato definisca il futuro. Ogni giorno è una nuova opportunità per ricominciare, e il perdono è lo strumento che ti permette di aprire quella porta.

Perdona gli Altri

Così come è importante perdonare te stesso, lo è anche perdonare gli altri. Forse qualcuno ti ha fatto del male, senti che la vita è stata ingiusta o che altre persone ti hanno deluso. Tuttavia, il rancore e l'odio aumentano solo la sofferenza e ti tengono bloccato nel passato. Perdonare non significa dimenticare o scusare le azioni degli altri, ma liberarti dal peso emotivo che quei sentimenti generano.

Perdonare gli altri è un atto di coraggio. Richiede forza per mettere da parte il risentimento e permettere all'amore e alla compassione di prendere il loro posto. Con il perdono, ti regali la tranquillità. Non permetti più che ciò che gli altri hanno fatto determini la tua pace interiore.

La Riconciliazione Come Cammino di Guarigione

Il perdono e la riconciliazione sono strettamente collegati. La riconciliazione non significa sempre ristabilire relazioni con chi ti ha fatto del male; a volte, è semplicemente trovare pace con il passato e con le persone che ne hanno fatto parte.

La riconciliazione può essere anche con te stesso. Forse ti senti di aver fallito, di non essere stato all'altezza delle tue stesse aspettative. Riconciliarti con te stesso significa accettare i tuoi errori, imparare da essi e impegnarti a migliorare in futuro. È un atto di amore verso te stesso che ti permette di andare avanti con serenità.

Strategie per Praticare il Perdono e la Riconciliazione

1-Rifletti Sul Dolore: Per perdonare, devi prima riconoscere il dolore. Prenditi del tempo per riflettere su ciò che è successo, su come ti ha fatto sentire e su come ha influenzato la tua vita. Riconoscere il dolore è il primo passo per lasciarlo andare.

2-Comprendi che Siamo Tutti Umani: Nessuno è perfetto e tutti commettiamo errori. Capire che anche chi ci ha ferito potrebbe affrontare le proprie lotte ci aiuta a vedere le cose con maggiore compassione.

3-Liberati dal Risentimento: Il risentimento è un peso che danneggia solo te. Perdonare non significa giustificare, ma scegliere di liberarti dal rancore. Permettiti di lasciare andare e di vivere una vita più leggera.

4-Concentrati sul Presente: Il perdono ti permette di lasciare il passato alle spalle e di concentrarti sul presente. Lasciare andare il risentimento crea spazio per le cose positive nella tua vita.

5-Scrivi i Tuoi Sentimenti: Mettere per iscritto ciò che provi può essere liberatorio. Scrivi degli errori, dei torti subiti e di come ti senti. Questo ti aiuterà a elaborare le emozioni e trovare sollievo.

6-Medita e Rifletti: Dedica tempo alla riflessione tranquilla e alla connessione con te stesso. La meditazione può aiutarti a calmare la mente e a trovare la pace necessaria per perdonare.

7-Parla con Qualcuno di Fiducia: Condividere i tuoi pensieri con una persona fidata può essere molto utile. Parlare dei tuoi errori e sentimenti ti aiuterà a elaborarli e a ricevere sostegno nel cammino del perdono.

I Benefici del Perdono

Il perdono migliora il nostro benessere, riducendo lo stress e creando pace interiore. Rafforza le relazioni, ci aiuta a vivere con un atteggiamento positivo e ci libera dal passato e dai sentimenti negativi, permettendoci di avanzare con chiarezza e scopo.

CONSIDERAZIONI FINALI

Il perdono e la riconciliazione sono passi fondamentali verso la pace interiore e la ricostruzione della tua vita. Perdonare te stesso, perdonare gli altri e riconciliarti con il passato sono atti di coraggio che ti permettono di liberarti dal rancore e di andare avanti con leggerezza.

Anche in un ambiente difficile, il potere del perdono è dentro di te e può trasformare la tua vita. Ricorda che ogni giorno è una nuova opportunità per scegliere la pace, l'amore e la crescita.

~~~

L'IMPORTANZA DELLA GRATITUDINE: TROVARE LUCE NEI MOMENTI DIFFICILI

La vita è piena di sfide, soprattutto in momenti difficili come quello della prigione. È facile lasciarsi andare alla disperazione e perdere di vista tutto ciò che ancora possediamo, tutto ciò per cui possiamo essere grati. Tuttavia, anche in mezzo alle avversità, ci sono sempre motivi per coltivare la gratitudine. Questo sentimento potente può trasformare il nostro atteggiamento e il nostro modo di affrontare i problemi. Oggi voglio parlarti dell'importanza della gratitudine e di come possa aiutarti a coltivare un atteggiamento più positivo, anche nelle circostanze più complicate.

Cos'è la Gratitudine?

La gratitudine è la capacità di riconoscere e apprezzare il bene nella nostra vita, indipendentemente da quanto possa sembrare piccolo. Non significa ignorare le difficoltà o fingere che tutto vada bene, ma piuttosto concentrarsi su ciò che ci dona pace, gioia o conforto, per quanto possa sembrare insignificante.

La gratitudine non è solo dire "grazie", ma sentirlo profondamente, riconoscere ciò che abbiamo e apprezzarlo nel cuore. In un contesto difficile come la prigione, la gratitudine può sembrare lontana, ma la verità è che c'è sempre qualcosa per cui possiamo essere grati: la salute, il supporto di una persona cara, una conversazione significativa o semplicemente il fatto di avere un'altra opportunità per imparare e crescere.

La Gratitudine Come Strumento di Trasformazione

Coltivare la gratitudine ha un impatto profondo sul nostro modo di vedere la vita e sul nostro atteggiamento. Quando scegliamo di concentrarci su ciò che abbiamo, invece di lamentarci di ciò che manca, cambiamo prospettiva e rafforziamo la nostra capacità di affrontare le avversità.

La gratitudine ci connette anche agli altri. Quando riconosciamo il supporto ricevuto e apprezziamo l'aiuto o le parole di incoraggiamento, rafforziamo le nostre relazioni e creiamo un ambiente di reciprocità. Questo sentimento positivo ci aiuta a mantenere la speranza e a focalizzarci sul nostro percorso di crescita.

Praticare la Gratitudine nei Momenti Difficili

1-Trova il Positivo Ogni Giorno: Ogni giorno ha qualcosa di positivo, anche se piccolo. Può essere un momento di tranquillità, una conversazione sincera o semplicemente il fatto di essere vivi e avere una nuova opportunità. Prenditi un momento ogni giorno per riflettere su qualcosa per cui sei grato. Scriverlo in un diario della gratitudine può aiutarti a mantenere un atteggiamento positivo e a ricordare ciò che c'è di buono nella tua vita.

2-Ringrazia gli Altri: Riconoscere l'impatto positivo che le altre persone hanno sulla tua vita è un modo potente per coltivare la gratitudine. Può trattarsi di un amico, un familiare o qualcuno che ti ha offerto supporto in un momento difficile. Esprimere gratitudine rafforza i legami e ci ricorda che non siamo soli.

3-Apprezza le Piccole Cose: La gratitudine non riguarda solo i grandi successi o gli eventi straordinari. Si tratta di apprezzare le piccole cose: un raggio di sole, l'aria fresca, il sapore di un pasto semplice. Quando impariamo a notare e apprezzare questi dettagli, stiamo allenando la nostra mente a concentrarsi sul positivo e a trovare gioia nel quotidiano.

Come la Gratitudine Migliora il Tuo Atteggiamento

Praticare la gratitudine ha un effetto trasformativo sul nostro atteggiamento. Scegliendo di essere grati, vediamo la vita da una prospettiva più positiva. La gratitudine ci permette di focalizzarci su ciò che abbiamo, piuttosto che lamentarci di ciò che ci manca. Questo atteggiamento ci dona forza, ci aiuta ad affrontare le sfide con più serenità e ci permette di mantenere la speranza, anche nei momenti più bui.

La gratitudine riduce anche lo stress e l'ansia. Concentrandoci sul positivo, diminuiamo il potere dei pensieri negativi e creiamo un ambiente mentale più sano. Sentire gratitudine ci connette al presente, aiutandoci a lasciare andare il peso del passato e a non preoccuparci eccessivamente del futuro. Ci permette di apprezzare ciò che abbiamo oggi e di trovare pace nel momento presente.

CONSIDERAZIONI FINALI

La gratitudine è uno strumento potente per trovare luce nei momenti difficili e per coltivare un atteggiamento positivo di fronte alle avversità. Anche in un contesto complicato, c'è sempre qualcosa per cui possiamo essere grati.

Praticare la gratitudine ci aiuta ad apprezzare il bene, a connetterci agli altri e a rafforzare la nostra resilienza. Oggi ti invito a prenderti un momento per riflettere su ciò per cui sei grato e a lasciare che questo sentimento trasformi la tua vita, riempiendola di speranza e positività.

~~~

COME AFFRONTARE LO STIGMA E LA DISCRIMINAZIONE: COSTRUIRE RESILIENZA E CAMMINARE CON DIGNITÀ

Uscire dal carcere è un momento pieno di speranza e di nuove opportunità, ma può anche portare con sé una realtà complessa: lo stigma sociale e la discriminazione. Le persone che hanno scontato una pena affrontano spesso il giudizio della società, che può rappresentare un ostacolo per reintegrarsi e ricominciare. Tuttavia, è possibile affrontare questa situazione con resilienza e positività. Oggi voglio condividere alcune strategie per aiutarti a superare lo stigma e la discriminazione, camminando verso un futuro pieno di possibilità e dignità.

Riconoscere lo Stigma

Lo stigma sociale si manifesta attraverso giudizi negativi verso chi è stato in carcere, con sguardi, commenti offensivi o difficoltà a trovare lavoro o un alloggio. Riconoscere che lo stigma esiste è il primo passo per imparare a gestirlo. È importante capire che questi giudizi derivano spesso dalla mancanza di comprensione e, talvolta, dalla paura. Anche se non sempre puoi cambiare ciò che gli altri pensano, puoi cambiare come reagisci e come scegli di affrontarlo.

Lo stigma non definisce chi sei né ciò che puoi raggiungere. Sei molto più dei tuoi errori passati e hai il potere di cambiare e costruire una nuova vita. Riconoscendo che lo stigma è solo una percezione esterna, puoi concentrarti su ciò che conta davvero: il tuo percorso di crescita personale, il tuo benessere e il futuro che desideri per te e per chi ti sta accanto.

Costruire Resilienza Emotiva

Una delle chiavi per affrontare lo stigma e la discriminazione è sviluppare resilienza emotiva. La resilienza ti permette di rimanere forte di fronte alle avversità e di andare avanti nonostante gli ostacoli.

Un modo efficace per costruire resilienza è ricordare tutto ciò che hai già superato. Riflettendo sulle sfide affrontate e sulla forza che hai dimostrato, potrai rafforzare la tua capacità di adattarti e di affrontare lo stigma con un atteggiamento positivo e determinato. Ogni difficoltà superata è una prova della tua forza interiore e un passo avanti verso una maggiore consapevolezza di te stesso.

Circondati di Persone che Ti Sostengono

Il supporto di persone che credono in te può fare una grande differenza nel tuo percorso di reintegrazione. Circondati di amici, familiari e organizzazioni che ti incoraggino a continuare. Queste persone possono offrirti parole di incoraggiamento, guidarti nei momenti difficili e aiutarti a mantenere una prospettiva positiva.

Cerca gruppi di supporto o comunità che lavorano con persone che affrontano situazioni simili. Questi ambienti sono spesso composti da persone che capiscono cosa stai attraversando e possono offrire risorse e sostegno emotivo. Avere accanto chi comprende il tuo percorso e ti supporta è una fonte di forza che può aiutarti a superare le sfide con maggiore fiducia.

Concentrati su Ciò che Puoi Controllare

Non puoi controllare ciò che gli altri pensano di te, ma puoi controllare come reagisci e cosa decidi di fare. Invece di concentrarti sul giudizio degli altri, focalizzati su ciò che puoi fare per migliorare la tua situazione e costruire la vita che desideri.

Questo include lavorare sul tuo sviluppo personale, imparare nuove competenze, cercare un impiego e mantenere un atteggiamento positivo. Dimostra con le azioni che sei cambiato e che sei impegnato in un nuovo inizio. Spesso, il modo migliore per combattere lo stigma è con i fatti: mostrando con le tue decisioni e il tuo comportamento che sei una persona diversa, pronta a contribuire positivamente alla società.

Non Definirti attraverso lo Stigma

Lo stigma può farti sentire inadeguato o incapace di cambiare, ma questa è una percezione errata. Non lasciare che i tuoi errori passati o le opinioni negative degli altri definiscano chi sei. Sei molto più dei tuoi errori e hai il potere di decidere chi vuoi essere da questo momento in poi.

Ricorda sempre che sei una persona di valore, con talenti e con la capacità di fare la differenza. Ogni giorno è un'opportunità per crescere, imparare e costruire una vita degna. Non permettere che lo stigma limiti il tuo potenziale o ti faccia dubitare di ciò che puoi realizzare. Concentrati sulle tue forze, su ciò che hai imparato e sul futuro che vuoi creare.

CONSIDERAZIONI FINALI

Affrontare lo stigma e la discriminazione dopo il carcere non è facile, ma è possibile farlo con resilienza e positività. Riconosci che lo stigma non definisce chi sei né ciò che puoi realizzare. Costruisci resilienza emotiva, circondati di persone che ti sostengono, concentrati su ciò che puoi controllare e non lasciare che il giudizio degli altri limiti il tuo potenziale.

Hai il potere di scrivere una nuova storia e di dimostrare che il cambiamento è possibile. Cammina a testa alta, con dignità e con la convinzione che sei molto più del tuo passato.

___

GESTIONE DELLO STRESS E DELL'ANSIA: STRATEGIE PER TROVARE CALMA NEI MOMENTI DIFFICILI

La vita in carcere può essere un'esperienza profondamente stressante. Le restrizioni, l'incertezza sul futuro, la solitudine e le sfide quotidiane possono generare livelli elevati di ansia. Tuttavia, anche in queste circostanze, è possibile trovare modi per gestire lo stress e ritrovare un senso di calma. Oggi voglio condividere alcune strategie efficaci per gestire lo stress e l'ansia mentre sei in carcere, utilizzando tecniche come la respirazione profonda, la meditazione, l'esercizio fisico e la consapevolezza (mindfulness).

Comprendere lo Stress e l'Ansia

Lo stress e l'ansia sono risposte naturali a situazioni difficili. Quando siamo sotto pressione, il nostro corpo reagisce con la risposta "lotta o fuga". Tuttavia, quando queste risposte si attivano costantemente, possono influire sul nostro benessere fisico e mentale. Sentire stress o ansia non è un segno di debolezza, ma una reazione naturale a un ambiente sfidante.

La cosa importante è imparare a gestire queste emozioni per ridurne l'impatto e mantenere una mente più chiara e concentrata.

Tecniche per Gestire lo Stress e l'Ansia

Respirazione Profonda: È una delle tecniche più efficaci per ridurre lo stress. Quando siamo stressati, la respirazione diventa rapida e superficiale. Praticare la respirazione profonda calma il sistema nervoso e invia al cervello il segnale che tutto va bene.

Come praticarla:

A-Trova un luogo tranquillo e siediti comodamente.

B-Inspira profondamente attraverso il naso per 4 secondi, trattieni il respiro per altri 4 secondi ed espira lentamente attraverso la bocca per 6-8 secondi.

C-Ripeti questo ciclo più volte concentrandoti sul ritmo della respirazione.

Meditazione: La meditazione aiuta a calmare la mente e a concentrarsi sul presente. Non richiede molto tempo o attrezzature speciali; bastano pochi minuti al giorno per trovare pace interiore.

Come iniziare:

A-Siediti in un luogo silenzioso, chiudi gli occhi e concentrati sulla respirazione.

B-Se la mente inizia a vagare, riportala gentilmente al respiro.

C-Inizia con sessioni brevi di 5-10 minuti e aumenta gradualmente la durata.

Esercizio Fisico: L'esercizio rilascia endorfine, le "ormoni della felicità", che aiutano a ridurre lo stress e a migliorare l'umore.

Opzioni pratiche in carcere:

A-Fai esercizi come flessioni, squat, addominali o camminate negli spazi disponibili.

B-Dedica dai 20 ai 30 minuti al giorno a una semplice routine fisica per percepirne i benefici.

Mindfulness (Consapevolezza): La mindfulness consiste nel prestare attenzione piena al presente senza giudicarlo, aiutandoti a ridurre l'ansia focalizzandoti sull'"adesso".

Come integrarla nella tua giornata:

A-Concentrati sulle sensazioni fisiche, sui suoni intorno a te o sul sapore del cibo.

B-La chiave è essere pienamente presenti in ciò che fai, senza distrazioni.

Crea una Routine per Ridurre lo Stress

Integrare queste tecniche in una routine quotidiana ti dà un senso di controllo e struttura, fondamentali per il tuo benessere emotivo. Puoi iniziare la giornata con esercizi di respirazione o meditazione, dedicare tempo all'esercizio fisico e praticare mindfulness durante il giorno. La costanza è essenziale per notare gli effetti positivi sul tuo stato d'animo e benessere generale.

CONSIDERAZIONI FINALI

Lo stress e l'ansia sono risposte naturali, ma non devono controllare la tua vita. Con tecniche come la respirazione profonda, la meditazione, l'esercizio fisico e la mindfulness, puoi gestire queste emozioni e trovare calma, anche in un ambiente sfidante come il carcere. Creare una routine quotidiana che includa queste pratiche ti aiuterà a ridurre l'impatto dello stress, a rafforzare la mente e a mantenere un atteggiamento positivo. Anche se non puoi cambiare le tue circostanze attuali, puoi decidere come affrontarle.

___

IMPORTANZA DELL'ISTRUZIONE E DELL'APPRENDIMENTO CONTINUO: UN MOTORE DI CAMBIAMENTO E OPPORTUNITÀ

L'istruzione ha il potere di trasformare le vite e aprire porte a nuove opportunità, specialmente quando si tratta di ricominciare. Non importa in quale fase della vita ti trovi, l'apprendimento continuo può essere uno strumento potente per il cambiamento personale e per costruire un futuro migliore. Oggi voglio parlarti dell'importanza dell'istruzione, sia formale che informale, e di come possa diventare un motore di cambiamento nella tua vita, aiutandoti ad aprire nuove porte e scoprire nuove possibilità.

L'Istruzione come Strumento di Trasformazione

L'istruzione va oltre ciò che si apprende in un'aula o l'ottenimento di un diploma. È uno strumento che ci permette di comprendere meglio il mondo, sviluppare competenze e trovare nuovi modi per risolvere i problemi. L'istruzione cambia il nostro modo di pensare, ci aiuta a prendere decisioni migliori e a condurre una vita più appagante.

Per chi ha trascorso del tempo in carcere, l'istruzione può essere il ponte verso una nuova vita. Imparare una nuova competenza, ottenere un diploma o semplicemente acquisire conoscenze in un'area di interesse può fare la differenza nel momento di reintegrarsi nella società. L'istruzione ti dona la fiducia di sapere che hai qualcosa di prezioso da offrire, ed è fondamentale per costruire una nuova versione di te stesso.

I Benefici dell'Apprendimento Continuo

L'apprendimento non ha limiti di età o condizioni; c'è sempre qualcosa di nuovo da imparare. Ecco alcuni dei benefici dell'apprendimento continuo:

1-Amplia le Opportunità Lavorative: Le conoscenze e le competenze acquisite attraverso l'istruzione aprono nuove opportunità lavorative. Imparare un mestiere, sviluppare una competenza tecnica o completare studi accademici può aiutarti a trovare un impiego e costruire una vita stabile.

2-Sviluppa Fiducia e Autostima: L'apprendimento non solo ti fornisce conoscenze, ma aumenta anche la tua fiducia. Quando impari qualcosa di nuovo, realizzi di essere capace di superare sfide e di acquisire competenze che prima non avevi.

3-Permette di Adattarsi al Cambiamento: Il mondo cambia costantemente, e la capacità di adattarsi a questi cambiamenti è fondamentale per avere successo. L'istruzione ti permette di rimanere aggiornato e di affrontare le nuove richieste del mercato del lavoro e della società.

4-Migliora le Competenze Sociali e di Comunicazione: L'istruzione non riguarda solo le conoscenze tecniche; ti aiuta anche a sviluppare abilità sociali e di comunicazione.

Opzioni di Istruzione e Apprendimento Continuo

L'istruzione non deve necessariamente essere formale. Ci sono molti modi per imparare e crescere, anche senza accesso a una scuola o università.

1-Programmi Educativi in Carcere: Molte carceri offrono programmi educativi, dalle lezioni di base alla formazione professionale.

2-Lettura e Autoapprendimento: La lettura è uno strumento potente per imparare. Leggere su una varietà di argomenti ti permette di esplorare e crescere.

3-Corsi Online: Se hai accesso a internet, i corsi online offrono infinite possibilità di apprendimento.

Impegno verso l'Apprendimento

L'apprendimento continuo richiede impegno e perseveranza. Anche se può essere difficile o frustrante, ogni piccolo passo ti avvicina alle tue mete.

CONSIDERAZIONI FINALI

L'istruzione e l'apprendimento continuo sono motori di cambiamento e opportunità. Non importa in quale punto della vita ti trovi, c'è sempre qualcosa di nuovo da imparare e un'opportunità per crescere.

~~~

ABILITÀ PER LA VITA E IL LAVORO DOPO LA DETENZIONE: COSTRUIRE UN FUTURO PRODUTTIVO E MOTIVANTE

Uscire dal carcere segna l'inizio di una nuova fase ricca di opportunità e sfide. Per avere successo nella reintegrazione nella società, è fondamentale acquisire competenze pratiche, sia per la vita quotidiana che per il mondo del lavoro. Queste competenze non solo ti renderanno più indipendente e produttivo, ma ti aiuteranno anche a costruire un futuro pieno di significato e stabilità. Oggi voglio parlarti delle abilità essenziali per la vita e il lavoro che possono aiutarti a intraprendere i primi passi verso una nuova vita e visualizzare un futuro produttivo e motivante.

Abilità per la Vita Quotidiana

Adattarsi alla vita fuori dal carcere può essere una sfida, ma alcune competenze pratiche possono aiutarti a raggiungere l'indipendenza e il successo.

1-Gestione del Denaro e Finanze Personali: Imparare a gestire il denaro è essenziale per vivere in modo indipendente ed evitare problemi finanziari. Questo include creare un budget mensile, risparmiare e gestire le spese in modo responsabile. La conoscenza di concetti come il risparmio e l'uso responsabile del credito ti aiuterà a mantenere la stabilità economica.

2-Capacità Decisionale: Prendere decisioni ponderate è una competenza fondamentale per affrontare la vita quotidiana. Valutare le opzioni, considerare le conseguenze e scegliere la migliore soluzione sono elementi chiave per costruire una vita equilibrata e per evitare errori del passato.

3-Problem Solving: I problemi fanno parte della vita, e la capacità di affrontarli in modo efficace è essenziale. Analizzare le situazioni, cercare alternative e trovare soluzioni è una competenza indispensabile. Mantenere un approccio positivo e orientato alle soluzioni ti permetterà di superare meglio le difficoltà.

4-Comunicazione Efficace: Saper comunicare chiaramente, ascoltare attivamente e rispettare i punti di vista altrui è cruciale per costruire relazioni sane. Una comunicazione efficace ti aiuta a creare connessioni significative e a gestire i conflitti in modo pacifico e costruttivo.

Abilità per il Lavoro

Il lavoro è uno degli aspetti fondamentali per una reintegrazione di successo. Trovare e mantenere un impiego non solo fornisce reddito, ma dà anche un senso di scopo e appartenenza.

1-Competenze Tecniche: Acquisire competenze tecniche è essenziale per svolgere lavori specifici. Potresti considerare di apprendere mestieri come la falegnameria, l'elettricità, la manutenzione meccanica, la cucina o il giardinaggio. Molte di queste competenze possono essere apprese tramite corsi e workshop, anche durante la detenzione.

2-Ricerca del Lavoro: Sapere come cercare lavoro è cruciale. Impara a scrivere un curriculum che metta in risalto le tue competenze e le tue esperienze, pratica colloqui di lavoro e mantieni un atteggiamento positivo. La perseveranza è fondamentale: non scoraggiarti di fronte ai rifiuti, continua a cercare finché non trovi l'opportunità giusta.

3-Lavoro di Squadra: La capacità di collaborare è molto apprezzata in ogni ambiente lavorativo. Il lavoro di squadra implica rispettare i colleghi, comunicare in modo costruttivo e contribuire al raggiungimento di obiettivi comuni. Mostrare rispetto e disponibilità ti aiuterà a creare un ambiente lavorativo armonioso.

4-Gestione del Tempo e Responsabilità: Essere puntuali e rispettare gli impegni sono qualità essenziali per mantenere un lavoro. Pianifica le tue attività quotidiane per rispettare le scadenze senza stress eccessivo. Dimostrare affidabilità e responsabilità rafforza la fiducia dei datori di lavoro.

Prepararsi per un Futuro di Successo

Acquisire competenze per la vita e il lavoro non solo migliorerà la qualità della tua vita, ma aumenterà anche la tua fiducia e la tua capacità di affrontare le sfide future. Usa il tempo a tua disposizione per imparare il più possibile attraverso programmi educativi, workshop o l'esperienza condivisa con gli altri. Ogni abilità che acquisisci rappresenta un passo verso una vita più stabile e soddisfacente.

CONSIDERAZIONI FINALI

Le competenze per la vita quotidiana e il lavoro sono fondamentali per una reintegrazione di successo dopo il carcere. Imparare a gestire il denaro, prendere decisioni consapevoli, risolvere problemi e comunicare efficacemente sono essenziali per la vita quotidiana. Allo stesso tempo, sviluppare competenze tecniche, cercare lavoro con determinazione e collaborare in team ti aiuteranno a costruire una carriera stabile. Ogni abilità che acquisisci oggi è un investimento per un domani migliore. Il tuo impegno di oggi è il ponte verso il futuro che desideri.

~~~

SVILUPPO DELLE ABILITÀ SOCIALI E DI COMUNICAZIONE: LA CHIAVE PER UNA REINTEGRAZIONE DI SUCCESSO

Reintegrarsi nella società dopo un periodo di detenzione è una sfida che va oltre la ricerca di un lavoro o la ricostruzione della quotidianità. Implica la capacità di interagire con le persone, costruire relazioni sane ed essere parte attiva della comunità. Per raggiungere questi obiettivi, è fondamentale sviluppare abilità sociali e di comunicazione che ti permettano di connetterti con gli altri in modo positivo e autentico. Oggi condivido alcune strategie per migliorare queste competenze, essenziali per una reintegrazione efficace e per costruire relazioni significative.

L'importanza delle abilità sociali e di comunicazione

Le abilità sociali sono il fondamento delle relazioni efficaci. Includono capacità come ascoltare, esprimere pensieri ed emozioni chiaramente, empatizzare e risolvere i conflitti pacificamente. Queste competenze sono indispensabili per mantenere buone relazioni personali, affrontare situazioni lavorative e integrarsi nella comunità.

La comunicazione efficace è la base di tutte le interazioni umane. Saper esprimere idee in modo chiaro e rispettoso, così come ascoltare e comprendere gli altri, è essenziale per evitare malintesi, risolvere conflitti e instaurare rapporti positivi.

Strategie per sviluppare abilità sociali e di comunicazione

1. Pratica l'ascolto attivo: L'ascolto attivo implica comprendere realmente ciò che l'altra persona comunica, non solo attraverso le parole, ma anche tramite il linguaggio del corpo.

Consiglio pratico: Mantieni il contatto visivo, annuisci e poni domande per dimostrare interesse. Questo farà sentire l'altra persona valorizzata e rafforzerà il legame.

2. Esprimi sentimenti e bisogni con chiarezza: La comunicazione assertiva consente di esprimere i propri pensieri e sentimenti senza aggressività.

Consiglio pratico: Usa frasi che iniziano con "io" invece di "tu" per evitare conflitti. Ad esempio, invece di dire: "Tu sbagli sempre", prova con: "Mi sento frustrato quando accade questo".

3. Coltiva l'empatia: Essere empatici significa mettersi nei panni degli altri e comprendere il loro punto di vista.

Consiglio pratico: Quando qualcuno ti parla di un problema, dimostra comprensione con frasi come: "Capisco quanto possa essere difficile per te".

4. Impara a risolvere i conflitti: I conflitti sono inevitabili, ma gestirli in modo costruttivo è una competenza cruciale.

Consiglio pratico: Concentrati sulla soluzione, non sul vincere la discussione. Chiedi: "Come possiamo risolvere questa situazione insieme?" e cerca un compromesso che soddisfi entrambe le parti.

5. Cura il linguaggio del corpo: Gran parte della comunicazione è non verbale. Postura, espressioni facciali e tono di voce influenzano il messaggio che trasmetti.

Consiglio pratico: Mantieni una postura aperta, evita di incrociare le braccia e stabilisci un contatto visivo per mostrare interesse. Un sorriso e un tono di voce calmo creano un'atmosfera positiva.

Pratica quotidiana e riflessione

Migliorare le abilità sociali e di comunicazione richiede impegno costante. Ogni interazione è un'opportunità per apprendere e perfezionarsi. Dopo ogni conversazione, rifletti su come ti sei comportato e pensa a cosa potresti fare diversamente la prossima volta.

Osserva le persone che consideri buoni comunicatori. Analizza come ascoltano, esprimono le loro idee e affrontano i conflitti. Imparare dai loro comportamenti ti aiuterà a migliorare le tue competenze e a sentirti più sicuro nelle interazioni sociali.

CONSIDERAZIONI FINALI

Sviluppare abilità sociali e di comunicazione è essenziale per una reintegrazione di successo. Praticare l'ascolto attivo, comunicare in modo assertivo, coltivare l'empatia, gestire i conflitti e curare il linguaggio del corpo ti aiuterà a costruire relazioni più sane e significative. Queste competenze non solo ti saranno utili nella vita personale, ma anche nel lavoro e nella comunità, permettendoti di vivere una vita piena e connessa con gli altri. Ogni passo fatto oggi ti avvicina a una vita più ricca e soddisfacente.

~~~

IL VALORE DEL CONTRIBUTO E DEL SERVIZIO: TROVARE SCOPO ATTRAVERSO IL SOSTEGNO AGLI ALTRI

Uno dei maggiori ostacoli per chi si trova in prigione è la sensazione di mancanza di scopo e di connessione con la comunità. L'ambiente può risultare isolante e spesso si pensa di non avere nulla di prezioso da offrire. Tuttavia, anche dentro la prigione, ogni persona ha la capacità di contribuire e di essere un sostegno per gli altri. Oggi vorrei parlarti dell'importanza del contributo e del servizio verso gli altri e di come questo possa dare senso e scopo alla tua vita, anche in un contesto difficile.

Il Potere del Contributo

Contribuire alla comunità e aiutare gli altri sono strumenti potenti per dare uno scopo alla nostra vita. Il contributo ci connette agli altri, ci fa sentire parte di qualcosa di più grande e ci ricorda che la nostra vita ha valore. Spesso pensiamo che il contributo sia possibile solo fuori dalla prigione, ma ci sono tante modalità per sostenere gli altri anche in un ambiente chiuso.

Un semplice gesto, come condividere conoscenze o offrire parole di conforto, crea un impatto positivo sia nella vita degli altri che nella propria. Il contributo genera soddisfazione e appartenenza, trasformando anche le situazioni più difficili in opportunità per crescere e fare la differenza.

Modi per Contribuire Dalla Prigione

1. Sostegno Emotivo ai Compagni

Essere presenti per gli altri può avere un impatto enorme. La prigione è spesso un luogo di solitudine, e offrire ascolto, incoraggiamento o semplicemente compagnia a chi sta attraversando un momento difficile può fare la differenza.

Esempio pratico: Offri il tuo tempo per ascoltare, senza giudizio, chi ha bisogno di parlare. Anche un gesto semplice come chiedere "Come stai davvero?" può avere un grande impatto.

2. Condivisione delle Conoscenze

Ognuno ha qualcosa di unico da offrire. Che si tratti di insegnare un mestiere, aiutare qualcuno a leggere o risolvere problemi matematici, condividere le proprie conoscenze è un modo per supportare gli altri e dare un senso alle proprie capacità.

Esempio pratico: Organizza piccoli gruppi di apprendimento o offriti per insegnare competenze utili ai tuoi compagni.

3. Partecipazione ad Attività Comunitarie

Molte prigioni offrono programmi o attività comunitarie che permettono di contribuire concretamente al benessere comune. Partecipare a queste attività è un modo tangibile per sentirsi parte di un progetto positivo.

Esempio pratico: Se ci sono opportunità di lavorare in giardini, laboratori o altre iniziative collettive, partecipa attivamente e condividi la tua energia con il gruppo.

4. Supporto Nelle Attività Quotidiane

Piccoli gesti quotidiani, come mantenere puliti gli spazi comuni, aiutare in cucina o collaborare ad altre mansioni pratiche, sono modi per servire la comunità interna.

Esempio pratico: Prenditi l'impegno di svolgere un compito specifico con dedizione, dimostrando il tuo desiderio di contribuire al benessere comune.

Benefici del Contributo agli Altri

Contribuire agli altri ha un impatto positivo su chi riceve il supporto, ma anche su chi lo offre. Aiutare gli altri:

1-Riduce lo stress e l'ansia: Spostare il focus dai propri problemi a come aiutare gli altri crea un effetto calmante e motivante.

2-Sviluppa competenze sociali: L'empatia, la comunicazione e la collaborazione migliorano con ogni gesto di servizio.

3-Genera appartenenza: Il contributo rafforza il senso di essere parte di una comunità e di avere un ruolo significativo.

Trovare Scopo e Senso di Appartenenza

Il contributo offre un senso di appartenenza e di scopo. Aiutando gli altri, dimostri a te stesso che hai un valore e che puoi fare la differenza, anche in circostanze difficili. Questa nuova narrativa ti aiuterà a vedere te stesso non attraverso gli errori del passato, ma come una persona capace di costruire un futuro migliore.

CONSIDERAZIONI FINALI

Il contributo e il servizio verso gli altri sono strumenti potenti per trovare uno scopo e una connessione con la comunità. Anche in un ambiente sfidante come la prigione, ci sono molte opportunità per supportare gli altri e creare un impatto positivo. Ogni piccolo gesto di aiuto rafforza il tuo senso di appartenenza e ti permette di crescere come persona. Ti invito a cercare modi per contribuire, essere un sostegno per gli altri e trovare, nel servizio, una fonte di significato e speranza per il futuro.

~~~

RICOSTRUZIONE DEI RAPPORTI CON I PROPRI CARI: GUARIRE LE FERITE E RISTABILIRE I LEGAMI

La vita in prigione non colpisce solo l'individuo che sta scontando la pena, ma anche i suoi cari: genitori, figli, partner, fratelli e amici. Le relazioni possono diventare tese o persino rompersi a causa del dolore, della distanza e delle difficoltà che emergono durante questo periodo. Tuttavia, c'è sempre la possibilità di guarire e ricostruire questi legami. La reintegrazione nella società non significa solo trovare un lavoro e adattarsi all'ambiente, ma anche ristabilire un legame con la famiglia e gli amici. Oggi voglio parlarti di come lavorare per guarire i rapporti danneggiati e costruire una nuova base di amore e sostegno con i tuoi cari.

Comprendere il Dolore degli Altri

Il primo passo per ricostruire le relazioni è riconoscere l'impatto che la tua assenza ha avuto sulla vita dei tuoi cari. Anche loro hanno sofferto, provando tristezza, rabbia o persino confusione. Riconoscere e dare valore a questi sentimenti è fondamentale per iniziare il processo di ricostruzione.

Mostra empatia e mettiti nei panni degli altri per comprendere il loro dolore. Riconoscere la sofferenza che hanno vissuto aprirà la porta al dialogo e alla guarigione reciproca. Questo atto di comprensione rafforzerà la connessione e creerà un terreno comune su cui lavorare per la riconciliazione.

Comunicazione Aperta e Umiltà

La comunicazione aperta è essenziale per ricostruire qualsiasi relazione. Parla onestamente dei tuoi sentimenti, dei tuoi rimpianti e dei tuoi desideri per il futuro. Chiedere scusa può essere difficile, ma è un passo necessario per guarire le ferite causate.

Ascoltare è importante quanto parlare. Essere disposto ad ascoltare senza interrompere o giustificare le tue azioni dimostrerà ai tuoi cari che dai valore alle loro emozioni e opinioni. Questo creerà un ambiente di fiducia e comprensione reciproca, facilitando la ricostruzione del rapporto.

Tempo e Pazienza: Rispettare il Processo

Le relazioni non si ricostruiscono dall'oggi al domani. I tuoi cari potrebbero aver bisogno di tempo per guarire e adattarsi ai cambiamenti. La pazienza è fondamentale per dimostrare il tuo impegno nel processo. Non scoraggiarti se non vedi risultati immediati; la costanza e la sincerità nel tempo sono essenziali.

Ci saranno alti e bassi lungo il cammino verso la riconciliazione. Ciò che conta è non arrendersi e continuare a dimostrare la volontà di migliorare il rapporto. Anche i piccoli gesti, come un messaggio, una lettera o semplicemente la tua presenza, possono fare una grande differenza.

Ristabilire la Fiducia

La fiducia è fondamentale in ogni relazione e, se si è persa, deve essere ricostruita con azioni concrete. La fiducia si guadagna giorno dopo giorno, con costanza e coerenza. Mantieni le tue promesse ed evita di fare impegni che non puoi rispettare. Dimostra con i fatti che sei impegnato nel cambiamento e che vuoi riconquistare la fiducia dei tuoi cari.

Creare Nuove Esperienze Insieme

Uno dei modi migliori per rafforzare una relazione è creare nuove esperienze positive insieme. Una volta recuperata la libertà, cerca modi per trascorrere del tempo di qualità con i tuoi cari, come condividere un pasto, fare una passeggiata o semplicemente conversare.

Queste nuove esperienze aiuteranno a lasciarsi alle spalle il dolore del passato e a creare ricordi positivi. Trascorrere del tempo insieme permetterà a tutti di riscoprirsi e rafforzerà la connessione emotiva, dimostrando il tuo impegno nell'essere presente e nel diventare una parte significativa della loro vita.

CONSIDERAZIONI FINALI

Ricostruire i rapporti con i propri cari dopo un periodo di detenzione è un processo complesso, ma possibile. Con empatia, comunicazione aperta, pazienza e disponibilità al cambiamento, è possibile guarire le ferite del passato e creare una base solida per il futuro. La fiducia si ricostruisce con le azioni, e i piccoli gesti di amore e comprensione possono fare una grande differenza. La reintegrazione significa anche riconnettersi con chi ti ama, e non è mai troppo tardi per iniziare a guarire quei legami.

~~~

COME MANTENERE LA MOTIVAZIONE A LUNGO TERMINE: FOCALIZZATI SUL FUTURO ED EVITA DI RICADERE NEI VECCHI ABITUDINI

Uscire dal carcere segna un nuovo inizio, ricco di opportunità per costruire una vita migliore. Tuttavia, comporta anche sfide che metteranno alla prova la tua motivazione e la tua capacità di restare concentrato. Mantenere la motivazione a lungo termine è fondamentale per evitare di ricadere nei vecchi abitudini e progredire verso una vita più piena e significativa. Oggi voglio condividere alcune strategie per mantenere viva la motivazione, anche quando le cose si fanno difficili.

La Motivazione Come un Viaggio Quotidiano

La motivazione non è qualcosa che si trova una volta per tutte; è qualcosa che bisogna coltivare ogni giorno. Ci saranno momenti in cui ti sentirai pieno di energia e determinazione, e altri in cui la motivazione sembrerà svanire. Comprendere che la motivazione è un viaggio quotidiano ti aiuterà a essere preparato per le difficoltà e a trovare il modo di andare avanti anche nei momenti più difficili.

Strategie per Mantenere la Motivazione a Lungo Termine:

1-Stabilisci Obiettivi Chiari e Realistici: Avere obiettivi chiari ti aiuterà a restare concentrato e a sapere quale direzione prendere. È essenziale stabilire sia obiettivi grandi sia piccoli traguardi a breve termine. Gli obiettivi grandi, come ottenere un lavoro stabile o ricostruire una relazione importante, forniscono una direzione, mentre i piccoli passi quotidiani ti danno la soddisfazione costante di vedere progressi tangibili.

2-Suddividi gli Obiettivi in Piccoli Passi: Suddividere un obiettivo grande in azioni più semplici ti permette di avanzare passo dopo passo, evitando di sentirti sopraffatto. Ogni piccolo traguardo raggiunto ti darà slancio per continuare.

3-Circondati di Persone Positive: L'ambiente ha un grande impatto sulla nostra motivazione. Circondati di persone che ti sostengono, che credono in te e che ti spingono a migliorare. Cerca amici, familiari o gruppi di supporto che condividano i tuoi obiettivi e che ti incoraggino nei momenti difficili. Il sostegno degli altri è fondamentale per ricordarti che non sei solo nel tuo percorso.

4-Celebra i Tuoi Successi: Spesso ci concentriamo su ciò che manca da fare, dimenticando di riconoscere i progressi già compiuti. Celebrare i tuoi successi, anche quelli piccoli, è un modo potente per mantenere alta la motivazione e ricordarti che stai avanzando.

5-Tieni un Diario dei Successi: Annotare i tuoi progressi quotidiani o settimanali può essere uno strumento efficace per mantenerti motivato. Vedere per iscritto i tuoi successi ti aiuterà a renderti conto di quanto hai già ottenuto e ti darà lo slancio per continuare.

6-Concentrati sul Tuo Scopo: Quando affronti sfide o la motivazione diminuisce, ricorda il motivo che ti spinge ad andare avanti. Che sia il desiderio di diventare una versione migliore di te stesso, l'amore per la tua famiglia o il sogno di costruire una vita stabile, avere uno scopo chiaro ti aiuterà a superare i momenti difficili.

7-Visualizza il Tuo Futuro: Dedica qualche minuto al giorno a immaginare il futuro che desideri. Visualizza come sarà la tua vita una volta raggiunti i tuoi obiettivi, come ti sentirai e come saranno le tue relazioni. Questa pratica ti aiuterà a restare concentrato e motivato.

8-Impara dai Fallimenti: I fallimenti fanno parte del cammino, ma non devono scoraggiarti. Invece di vedere gli errori o gli ostacoli come sconfitte, considerali opportunità di apprendimento. Ogni errore è una lezione che ti avvicina ai tuoi obiettivi.

9-Rifletti su Ogni Esperienza: Quando affronti un ostacolo, rifletti su cosa avresti potuto fare diversamente e su come puoi applicare ciò che hai imparato in futuro. Questo approccio trasforma ogni esperienza in un'opportunità per crescere e ti darà fiducia per andare avanti.

10-Mantieni una Routine Positiva: Avere una routine quotidiana strutturata e positiva è un modo eccellente per mantenere la motivazione. Dedica tempo ad attività che ti aiutano a crescere e che ti fanno sentire bene, come l'esercizio fisico, la meditazione, la lettura o l'apprendimento di nuove competenze. La routine offre stabilità e ti aiuta a restare concentrato, specialmente nei momenti difficili.

CONSIDERAZIONI FINALI

Mantenere la motivazione a lungo termine dopo essere usciti dal carcere può essere una sfida, ma con le giuste strategie è assolutamente possibile. Stabilisci obiettivi chiari, circondati di persone positive, celebra i tuoi successi, concentrati sullo scopo, impara dai fallimenti e mantieni una routine positiva. Ricorda che ogni giorno è una nuova opportunità per avvicinarti al futuro che desideri e che l'impegno costante ti porterà a realizzare i tuoi sogni.

~~~

DOMANDE NECESSARIE: INTROSPEZIONE PER CRESCERE

Essere in prigione non significa che il nostro sviluppo personale debba fermarsi. Anzi, questo può essere un momento prezioso per guardare dentro di noi e riflettere su come crescere e trasformarci. L'introspezione è uno strumento potente per trovare chiarezza, pace e motivazione per il futuro. Se cerchi modi per sfruttare il tempo e crescere, ecco alcune domande che possono aiutarti a concentrarti e a iniziare il tuo processo di introspezione:

Quali errori ho commesso e quali lezioni posso trarne?

Riflettere sui nostri errori non significa essere duri con noi stessi, ma piuttosto sfruttare le lezioni che possono renderci migliori. Chiediti come puoi trasformare quei sbagli in opportunità di apprendimento e come evitare di ripeterli in futuro.

Chi sono le persone che ho ferito e come posso riscattarmi con loro o con me stesso?

Parte della crescita personale consiste nell'affrontare il dolore che abbiamo causato e cercare modi per ripararlo. Riflettere su questo ti permetterà di guarire i rapporti e avanzare verso la pace interiore.

Quali virtù possiedo e come posso usarle per migliorare la mia vita e aiutare gli altri?

Tutti abbiamo qualità positive. Identificarle ti aiuterà a riconoscere il tuo valore e a pensare a come usare queste virtù per avere un impatto positivo su di te e sulle persone intorno a te.

Quali abitudini mi hanno portato fino a qui e quali posso cambiare per costruire un futuro diverso?

Il cambiamento comincia identificando i modelli che ci condizionano. Chiediti quali abitudini ostacolano la tua crescita e come potresti sostituirle con altre più sane.

Quali sogni o obiettivi ho per il futuro e come posso prepararmi oggi per realizzarli?

La prigione può essere un momento per riflettere su ciò che desideri raggiungere una volta libero. Avere una visione chiara dei tuoi obiettivi ti aiuterà a prendere decisioni oggi che siano in linea con il futuro che vuoi.

Cosa posso apprezzare oggi, nonostante le circostanze?

Praticare la gratitudine, anche nelle situazioni più difficili, ti aiuta a mantenere una prospettiva positiva. Riflettere su ciò che hai, sulle persone che ti sostengono o sulle lezioni apprese ti darà forza.

Come posso essere una versione migliore di me stesso ogni giorno?

La crescita personale è un processo continuo. Ogni giorno offre un'opportunità per essere migliore di ieri. Rifletti su quali azioni concrete puoi intraprendere quotidianamente per continuare a crescere.

Quali pensieri negativi mi limitano e come posso trasformarli in positivi?

Individuare i pensieri che ti trattengono è fondamentale per il cambiamento. Rifletti su come trasformare quei pensieri negativi in affermazioni che ti spingano verso il futuro.

Cosa mi motiva a continuare, anche nei momenti più difficili?

Connetterti con le tue motivazioni profonde ti darà la forza necessaria per affrontare le sfide. Rifletti su ciò che ti ispira a non arrenderti.

Come posso perdonarmi per gli errori del passato?

Il perdono verso se stessi è essenziale per crescere. Rifletti su come smettere di punirti per il passato e accettare che puoi cambiare.

Quali abilità o conoscenze posso acquisire durante il tempo che trascorro qui per migliorare il mio futuro?

Sfrutta questo tempo per imparare qualcosa di nuovo. Rifletti su quali competenze possono aiutarti a costruire un futuro migliore e su come puoi iniziare a svilupparle.

Come posso contribuire positivamente alla comunità all'interno della prigione?

Anche in prigione, puoi avere un impatto positivo sugli altri. Rifletti su come puoi aiutare o sostenere chi ti circonda.

Come posso rafforzare la mia resilienza di fronte alle avversità che affronto?

La resilienza è la capacità di rialzarsi dopo ogni caduta. Rifletti su come sviluppare questa abilità per affrontare le sfide quotidiane.

Cosa significa per me la libertà interiore e come posso coltivarla?

La libertà non è sempre fisica. Rifletti su come sentirti libero interiormente, nonostante le circostanze esterne.

Che tipo di persona voglio essere quando riacquisterò la mia libertà?

Visualizza la versione di te stesso che vuoi costruire. Rifletti sulle qualità, sugli atteggiamenti e sulle abitudini che vorresti avere una volta fuori, e su come puoi iniziare a svilupparle oggi.

CONSIDERAZIONI FINALI

L'introspezione è uno strumento potente per la crescita personale e, anche nelle circostanze più difficili, c'è sempre spazio per trasformare il nostro essere. Riflettere sul passato, sulle motivazioni e sugli obiettivi ci dà la chiarezza necessaria per costruire un futuro migliore. Ricorda, ogni cambiamento comincia da dentro.

___

STORIE ISPIRATRICI: UN NUOVO INIZIO È POSSIBILE

È facile pensare che il passato definisca per sempre il nostro futuro, ma la verità è che esiste sempre la possibilità di cambiare. Essere in prigione può sembrare la fine di tutto, ma spesso rappresenta l'inizio di un percorso di trasformazione personale. La storia è ricca di esempi di persone che hanno cambiato le loro vite dopo aver vissuto l'esperienza del carcere, dimostrando che un nuovo inizio è possibile per chiunque. Oggi esploreremo alcune storie ispiratrici che dimostrano che, indipendentemente dal passato, è sempre possibile costruire un futuro migliore.

Malcolm X: La Trasformazione Attraverso la Conoscenza

Malcolm X trascorse del tempo in prigione, dove decise di cambiare completamente la sua vita. Si dedicò alla lettura e allo studio della sua storia e delle sue radici. Approfondì politica, religione e storia, e questa educazione accese la sua passione per la giustizia sociale. Malcolm X divenne un leader della comunità afroamericana e una voce fondamentale nella lotta per i diritti civili negli Stati Uniti. La sua storia è un esempio di come la conoscenza possa trasformare le nostre vite e di come un nuovo inizio sia possibile quando decidiamo di crescere, nonostante le circostanze avverse.

Nelson Mandela: Da Prigioniero a Presidente

Nelson Mandela è un altro esempio iconico di come la prigione possa essere un luogo di trasformazione e crescita personale. Nonostante le dure condizioni e i lunghi anni di reclusione, Mandela non perse mai la speranza di vedere il suo paese libero dall'oppressione razziale. Durante il suo tempo in prigione, lavorò sul suo autocontrollo, sulla pazienza e sulla visione di una Sudafrica libera. Una volta uscito dal carcere, non cercò vendetta, ma promosse la riconciliazione e l'unione del suo paese. Mandela divenne il primo presidente nero del Sudafrica e guidò il paese verso un futuro di pace ed equità. La sua storia è un testimone di come il perdono, la resilienza e la speranza possano trasformare non solo una vita, ma un'intera nazione.

Viktor Frankl: Trovare uno Scopo nel Dolore

Viktor Frankl fu imprigionato in uno dei momenti più bui della storia. Durante quel periodo, trovò un senso al dolore e alla propria esistenza. Scoprì che chi riusciva a trovare uno scopo era capace di superare anche le sofferenze più grandi. Dopo la sua liberazione, Frankl scrisse *L'uomo in cerca di senso*, dove sottolineò l'importanza di trovare un significato alla vita, anche in circostanze difficili. La sua esperienza dimostra che, nonostante le difficoltà esterne, il potere della mente e dello scopo è ciò che ci permette di andare avanti.

Miguel de Cervantes: La Creatività nel Confinamento

Miguel de Cervantes, autore di *Don Chisciotte della Mancia*, trascorse diversi periodi in prigione. Si ritiene che durante questi momenti abbia scritto alcune parti della sua opera più famosa. La capacità di Cervantes di utilizzare il tempo in prigione in modo costruttivo, creando una delle opere letterarie più importanti della storia, è un chiaro esempio di come un nuovo inizio possa emergere anche nelle condizioni più difficili.

Fëdor Dostoevskij: La Rinascita Letteraria

Fëdor Dostoevskij trascorse diversi anni in prigione, un'esperienza che influenzò profondamente le sue opere. Durante la sua reclusione, rifletté sulla natura umana e sull'esistenza, temi che emergono in capolavori come *I fratelli Karamazov* e *Delitto e castigo*. La profondità delle sue riflessioni e la trasformazione personale vissuta in prigione divennero la base del suo straordinario lascito letterario.

Oscar Wilde: Redenzione Attraverso la Scrittura

Oscar Wilde trascorse due anni in prigione, periodo durante il quale scrisse alcune delle sue opere più toccanti. La sua esperienza lo portò a scrivere *De*

Profundis, una lunga lettera sul dolore e sulla sua trasformazione, e *La ballata del carcere di Reading*, dove catturò l'essenza della vita in prigione e della redenzione personale. Wilde trovò nella scrittura un mezzo per guarire e trasformarsi.

CONSIDERAZIONI FINALI

Queste storie di persone che hanno trasformato le loro vite dopo aver vissuto l'esperienza della prigione ci ricordano che un nuovo inizio è sempre possibile. Malcolm X, Nelson Mandela, Viktor Frankl, Miguel de Cervantes, Fëdor Dostoevskij e Oscar Wilde trovarono nell'avversità una ragione per cambiare, crescere e contribuire positivamente al mondo. Essere in prigione non definisce chi sei o chi diventerai. Puoi sempre scegliere di cambiare, migliorare e lavorare per un futuro diverso. La storia è piena di esempi di persone che, nonostante le circostanze più oscure, hanno acceso la luce del cambiamento e della speranza.

~~~

GLOSSARI

Questo sistema di glossari è stato ideato per approfondire i concetti chiave legati alla resilienza, alla crescita personale, al benessere emotivo e alla ricostruzione delle relazioni. Il suo scopo non è solo chiarire i termini, ma anche ispirare e offrire una comprensione più profonda dei pilastri fondamentali per il tuo processo di reintegrazione sociale e sviluppo personale.

Ogni parola è stata selezionata con un obiettivo chiaro: aiutarti a costruire una nuova storia, una storia di libertà, redenzione e piena realizzazione del tuo potenziale.

RESILIENZA E CRESCITA PERSONALE

Accettazione: Riconoscere le proprie emozioni e circostanze così come sono, senza giudicarle. Permette di smettere di resistere a ciò che non si può cambiare e di concentrarsi su ciò che è possibile migliorare.

Adattamento: Capacità di adattarsi a situazioni difficili o cambiamenti, rimanendo flessibili e cercando sempre il modo migliore per affrontare nuove realtà.

Autocompassione: Trattarsi con gentilezza e comprensione quando le cose non vanno come previsto. Aiuta a ridurre l'autocritica e a concentrarsi sull'apprendimento e sul miglioramento personale.

Autoconfidenza: Credere nelle proprie capacità di affrontare le sfide e raggiungere obiettivi. Fornisce la sicurezza necessaria per agire e superare gli ostacoli.

Autodisciplina: Capacità di controllare gli impulsi e di mantenere il focus su ciò che è importante. Permette di prendere decisioni che favoriscono il benessere e lo sviluppo personale.

Crescita personale: Processo di miglioramento continuo per sviluppare competenze, superare i limiti e raggiungere il proprio potenziale.

Determinazione: Fermezza nel proseguire e raggiungere i propri obiettivi, nonostante le difficoltà. Mantiene l'attenzione su ciò che si vuole ottenere.

Empatia: Capacità di mettersi nei panni degli altri e comprendere le loro emozioni. Aiuta a costruire relazioni basate sul rispetto e sulla comprensione.

Ottimismo: Tendenza a vedere il lato positivo delle situazioni e a aspettarsi buoni risultati. Aiuta a mantenere un atteggiamento resiliente nei momenti difficili.

Pazienza: Capacità di tollerare le difficoltà di un'attesa senza frustrazione. Essenziale per affrontare sfide e accettare che ogni cosa richiede tempo.

Perseveranza: Continuare con impegno e determinazione nonostante gli ostacoli. Insegna a non arrendersi e a continuare a lottare per i propri obiettivi.

Proattività: Prendere l'iniziativa e agire prima che sorgano problemi. Permette di avere controllo sulle proprie circostanze e di anticipare le sfide.

Resilienza: Capacità di riprendersi dalle difficoltà e uscirne più forti. Implica apprendere dalle sfide e trasformarle in opportunità di crescita.

Speranza: Credere in un futuro migliore e impegnarsi per realizzarlo. Motiva a mantenere un atteggiamento positivo e a perseguire i propri obiettivi.

~~~

EMOZIONI E BENESSERE MENTALE

Ansia: Emozione che si manifesta come preoccupazione eccessiva o paura dell'incertezza. Capirla e gestirla è fondamentale per mantenere l'equilibrio emotivo.
~~~

Autocompassione: Trattarsi con gentilezza e comprensione, soprattutto di fronte a errori o fallimenti. Aiuta a ridurre l'autocritica e a concentrarsi sull'apprendimento e sul miglioramento personale.

Autoconfidenza: Credere nelle proprie capacità di affrontare sfide e raggiungere obiettivi. Spinge ad agire con sicurezza e a superare gli ostacoli che si presentano.

Compassione: Provare il dolore degli altri e desiderare alleviarlo. Motiva a sostenere chi ne ha bisogno e a rafforzare i legami con gli altri.

Empatia: Capacità di mettersi nei panni degli altri e comprendere le loro emozioni. Aiuta a connettersi in modo più umano e a costruire relazioni significative.

Forza emotiva: Capacità di mantenere l'equilibrio di fronte a situazioni complesse. Permette di affrontare le sfide con un atteggiamento positivo senza arrendersi.

Frustrazione: Sensazione di scoraggiamento quando le cose non vanno come previsto. Imparare a gestirla aiuta a crescere e a trovare nuove soluzioni.

Gioia: Emozione che nasce quando viviamo qualcosa di piacevole o soddisfacente. Ci riempie di energia e ci aiuta a mantenere un atteggiamento ottimista.

Gratitudine: Apprezzare e valorizzare ciò che abbiamo, anche nei momenti difficili. Aiuta a concentrarsi sugli aspetti positivi della vita, migliorando il benessere emotivo.

Motivazione: Impulso interno che ci spinge ad agire e a raggiungere i nostri obiettivi. Mantiene il focus e aiuta a superare gli ostacoli.

Resilienza emotiva: Capacità di gestire emozioni difficili e riprendersi da situazioni avverse. È essenziale per mantenere l'equilibrio mentale nei momenti complicati.

Serenità: Stato di calma che permette di agire con chiarezza e senza fretta. Fondamentale per gestire lo stress e prendere decisioni consapevoli.

Speranza: Fiducia che il futuro porterà cose positive. È il motore che ci spinge a continuare anche di fronte alle difficoltà.

Tranquillità: Stato di pace interiore che facilita la gestione delle situazioni con lucidità. È cruciale per affrontare momenti di tensione con calma.

Tristezza: Emozione che emerge in risposta a perdite o situazioni dolorose. Riconoscerla aiuta a elaborare le emozioni e a progredire nel processo di guarigione.

~~~
~~~

COMPETENZE SOCIO-EMOTIVE

Adattabilità: Flessibilità nel adattarsi a nuove circostanze o cambiamenti imprevisti. Aiuta ad affrontare situazioni sconosciute con apertura mentale e ad apprendere dal processo.

Ascolto attivo: Prestare piena attenzione a ciò che l'altra persona dice, dimostrando interesse e comprensione. Essenziale per una comunicazione efficace e per rafforzare le relazioni interpersonali.

Autoconsapevolezza: Conoscere i propri punti di forza, debolezze, emozioni e motivazioni. È il primo passo per lo sviluppo personale, permettendo di identificare aree di miglioramento e opportunità di crescita.

Autodisciplina: Capacità di controllare gli impulsi e concentrarsi sugli obiettivi a lungo termine. Fondamentale per evitare distrazioni e restare focalizzati sulle proprie mete.

Competenze sociali: Abilità nel relazionarsi in modo efficace e positivo con gli altri. Includono empatia, ascolto attivo e la capacità di creare connessioni significative.

Comunicazione assertiva: Esprimere idee e bisogni con chiarezza e rispetto, senza aggredire né subire aggressioni. Favorisce relazioni sane ed evita conflitti inutili.

Gestione dei conflitti: Abilità nel affrontare i disaccordi in modo costruttivo. Richiede comunicazione efficace, empatia e capacità di trovare soluzioni che soddisfino tutte le parti.

Gestione del tempo: Capacità di organizzare e pianificare il proprio tempo in modo efficiente per rispettare le responsabilità e raggiungere obiettivi. Aiuta a essere più produttivi e a ridurre lo stress.

Gratitudine: Apprezzare e valorizzare ciò che si ha, anche nei momenti difficili. Aiuta a concentrarsi sugli aspetti positivi e migliora il benessere emotivo.

Lavoro di squadra: Collaborare con gli altri per raggiungere un obiettivo comune. Richiede comunicazione, empatia e cooperazione per ottenere risultati condivisi.

Motivazione: Forza interna che spinge ad agire per raggiungere obiettivi. Mantiene il focus e aiuta a superare le sfide lungo il percorso.

Negoziazione: Capacità di trovare accordi soddisfacenti per tutte le parti coinvolte. Implica individuare punti in comune e essere flessibili per ottenere risultati vantaggiosi.

Prendere decisioni: Processo di valutazione delle diverse opzioni per scegliere quella più adeguata. Richiede analisi delle conseguenze e fiducia nell'agire.

Proattività: Agire prima che si presentino problemi, prendendo l'iniziativa per gestire le situazioni. Permette di anticipare difficoltà e trovare soluzioni prima che diventino ostacoli.

Risoluzione dei problemi: Capacità di analizzare una situazione e trovare soluzioni efficaci. Fondamentale per affrontare e superare sfide in modo pratico.

Serenità: Stato di calma ed equilibrio che consente di agire con chiarezza. Essenziale per gestire lo stress e prendere decisioni consapevoli.

Tranquillità: Stato di pace interiore che permette di gestire le situazioni con lucidità. Fondamentale per affrontare momenti di tensione con calma e prendere decisioni corrette.

~~~

SCOPO E FUTURO

Autoconfidenza: Credere nella propria capacità di raggiungere obiettivi e costruire il futuro desiderato. Essenziale per prendere decisioni e agire con sicurezza.

Cambiamento: Processo di trasformazione verso una nuova realtà. Accettare e adattarsi al cambiamento permette di evolversi e affrontare nuove sfide.

Crescita personale: Processo continuo di sviluppo e miglioramento per raggiungere il massimo potenziale. Fondamentale per vivere una vita piena e significativa.

Determinazione: Forza interiore che spinge a proseguire nonostante gli ostacoli. Cruciale per raggiungere obiettivi e mantenere il focus sul proprio scopo.

Obiettivi: Mete che danno direzione e favoriscono la crescita. Avere obiettivi aiuta a pianificare il futuro e a compiere passi concreti verso ciò che si desidera raggiungere.

Opportunità: Circostanze che offrono la possibilità di migliorare e apprendere. Sfruttare le opportunità è essenziale per la crescita personale.

Ottimismo: Atteggiamento positivo basato sulla convinzione di poter raggiungere i propri obiettivi. Aiuta ad affrontare le sfide con una mentalità aperta e proattiva.

Pianificazione: Processo di organizzazione delle azioni per raggiungere le proprie mete. Permette di tracciare un percorso chiaro verso il futuro desiderato.
~~~

Rinnovamento: Processo di lasciarsi alle spalle il passato e creare un nuovo presente. Implica abbandonare ciò che non serve più e aprirsi a nuove possibilità di miglioramento.

Scopo: Motivo o motivazione che dà senso alle nostre azioni. Avere uno scopo mantiene il focus e aiuta a trovare significato anche nelle situazioni difficili.

Speranza: Fiducia nel fatto che il futuro possa essere migliore e che possiamo influire su di esso. Fornisce l'energia necessaria per affrontare sfide e andare avanti.

Superamento: Atto di affrontare le difficoltà e uscirne più forti. Fondamentale per costruire un futuro migliore e imparare dalle esperienze.

Trasformazione: Cambiamento profondo che porta a una nuova visione di sé o della vita. Risultato dell'apprendimento costante e delle esperienze vissute.

Visione: Immagine chiara di ciò che si desidera realizzare in futuro. Avere una visione motiva e guida le decisioni verso i propri obiettivi.

~~~

LIBERTÀ E REDENZIONE

Compassione: Sentimento di empatia verso se stessi e gli altri, accompagnato dal desiderio di alleviare la sofferenza. È essenziale per il perdono e la guarigione emotiva.

Dignità: Valore intrinseco di ogni essere umano, che non si perde nonostante gli errori commessi. Riconoscere il proprio valore è indispensabile per ritrovare la strada verso la redenzione.

Forza interiore: Capacità di mantenersi stabili e resilienti di fronte alle difficoltà. Aiuta ad affrontare le sfide e a progredire con determinazione.

Guarigione: Processo di recupero emotivo e mentale per raggiungere il benessere. Aiuta a superare il dolore e a ritrovare l'equilibrio.

Liberazione emotiva: Processo di lasciar andare emozioni negative come il risentimento e il senso di colpa. Consente di vivere con maggiore leggerezza e di concentrarsi sul presente.

Libertà interiore: Sentirsi liberi nonostante le circostanze esterne, connettendosi alla propria pace interiore. Permette di trovare serenità e forza indipendentemente dagli eventi esterni.

Pentimento: Riconoscere un errore e provare il desiderio autentico di cambiare. È un passo fondamentale verso la redenzione e il perdono.
~~~

Perdono: Lasciarsi alle spalle il rancore e accettare la possibilità di ricominciare. È un atto di liberazione che aiuta a superare il passato e a progredire verso una vita più piena.

Redenzione: Atto di liberarsi da un errore o una colpa, impegnandosi a migliorare. Implica riconoscere le proprie mancanze e lavorare sul cambiamento.

Resilienza: Capacità di adattarsi e riprendersi da situazioni difficili, uscendo più forti. Fondamentale per affrontare le avversità e andare avanti.

Responsabilità: Accettare le conseguenze delle proprie decisioni. Permette di imparare dagli errori e di prendere il controllo del proprio destino.

Rinnovamento: Trasformazione che comporta abbandonare vecchi schemi per adottarne di nuovi. È una parte essenziale del processo di crescita personale e redenzione.

Speranza: Credere nella possibilità di un futuro migliore. Motiva a continuare a lottare per i propri obiettivi e a cercare opportunità di miglioramento.

Trasformazione: Cambiamento profondo che porta a diventare persone migliori. È il risultato dell'apprendimento e del percorso di redenzione.

~~~

BIBLIOGRAFIA

Cueva Pérez S. Competenze socio-emozionali nella popolazione carceraria [Tesi di laurea in Psicologia]. Oviedo: Universidad de Oviedo; 2024. Disponibile su: https://digibuo.uniovi.es/dspace/handle/10651/73899.

Duran Zuazo JC. Fattori di resilienza personale nei bambini privati della libertà, frequentanti la scuola Gran Bretagna nella zona di San Pedro, città di La Paz [Tesi di laurea in Psicologia]. La Paz: Universidad Mayor de San Andrés; 2010. Disponibile su: https://repositorio.umsa.bo/handle/123456789/35717.

Ferreira AIA de A. Reinserção social de ex-reclusos: Um estudo de caso [Tesi di laurea magistrale, Iscte - Instituto Universitário de Lisboa]. Repositório Iscte; 2023. Disponibile su: http://hdl.handle.net/10071/30388.

García-España E, García-España E. La reinserzione sociale dei detenuti nei centri penitenziari: un'analisi criminologica. Bol Criminol. 2024;(206):1-8. Disponibile su: https://revistas.uma.es/index.php/boletin-criminologico/article/view/20600.

Gomes MS, Libório LA. Maná del cielo: ¿fantasia religiosa per gli anziani o resilienza nelle difficoltà della vita? Rev Int Apoyo Incl Logop Soc Multicult. 2020;6(1):98-108. Disponibile su: https://revistaselectronicas.ujaen.es/index.php/riai/article/view/5214.

González Pérez M. Resilienza e la sua relazione con l'adattamento sociale nei detenuti di un centro penitenziario [Tesi di laurea in Psicologia]. Città del Messico: Universidad Nacional Autónoma de México; 2019. Disponibile su: http://repositorio.amapsi.org:8081/jspui/handle/123456789/32.

Herrera Medina MI. La resilienza e la sua relazione con l'aggressività negli adolescenti trasgressori [Tesi di laurea in Psicologia Clinica]. Ambato: Universidad Técnica de Ambato; 2020. Disponibile su: https://repositorio.uta.edu.ec/items/9cf22cd5-6587-4ffb-9fdc-3a3d0e847076.

Kleiberth Lenin Mora Aragón. La partecipazione orchestrale: strategia di resilienza e (re)inserimento sociale nel contesto penitenziario [Tesi di dottorato in Arti]. Poitiers: Université de Poitiers; 2024. Disponibile su: https://theses.hal.science/tel-04767351/.

Macías-Garzón GX, Rodríguez-Leuro ÁI. Docenti, insegnamenti e apprendimento nei contesti educativi penitenziari: revisione della letteratura. I+D Rev Investig. 2023;18(2):89-103. Disponibile su: http://sievi.udi.edu.co/ojs/index.php/ID/article/view/416.

Mansilla MA, Vergara JC. Reti comunitarie intra ed extracarcerarie in Cile: apaquismo e volontariati evangelici. Rev Museo Antropol. 2023;16(2):245-258. Disponibile su: https://dx.doi.org/10.31048/1852.4826.v16.n2.40134.

Mora Aragón KL. La partecipazione orchestrale: strategia di resilienza e (re)inserimento sociale nel contesto penitenziario [Tesi di dottorato in Arti]. Poitiers: Université de Poitiers; 2024. Disponibile su: https://theses.hal.science/tel-04767351/.

Nóbrega PRF. Valori di vita, resilienza e strategie di coping nei detenuti e non detenuti [Tesi di laurea magistrale in Psicologia]. Covilhã: Universidade da Beira Interior; 2015. Disponibile su: https://ubibliorum.ubi.pt/handle/10400.6/5535.

Novais FAG, Ferreira JA, Santos ER dos. Transizione e adattamento dei detenuti nelle strutture carcerarie. Psychologica. 2010;(52-II):209-241. Disponibile su: https://impactum-journals.uc.pt/psychologica/article/view/1647-8606_52-2_9.

Sanhueza GE. Dati e gestione carceraria: strumenti per il reinserimento? Rev Estud Polit Pub. 2023;9(2):85-96. Disponibile su: https://dx.doi.org/10.5354/0719-6296.2023.71063.

Vargas Guzmán WC, García Alejo M. Resilienza, comprensione psicosociale per gli ex detenuti dell'Istituto Nazionale Penitenziario e Carcerario in Colombia. Rev Cienc Soc. 2021;27(Extra 3):151-167. Disponibile su: https://dialnet.unirioja.es/servlet/articulo?codigo=8081763.

Villanueva Conislla M. Benefici penitenziari e accesso al diritto al lavoro come garanzia di reinserimento sociale fuori dal carcere 2021. Ciencia Latina. 2024;8(3):6539-57. Disponibile su: https://www.ciencialatina.org/index.php/cienciala/article/view/11838.

Zevallos Vega LD. Analisi dei programmi di trattamento per migliorare i risultati di reinserimento sociale positivo nella popolazione carceraria fuori dal carcere [Tesi di laurea magistrale in Gestione Pubblica]. Lima:

Universidad Continental; 2024. Disponibile su: https://repositorio.continental.edu.pe/handle/20.500.12394/15363.

Zuluaga Gómez A. La resilienza: una corazza contro la sordidezza dei tempi moderni. Poiésis. 2013;4(7). Disponibile su: https://revistas.ucatolicaluisamigo.edu.co/index.php/poiesis/article/view/578.

~~~

INFORMAZIONI SULL'AUTORE

Arturo José Sánchez Hernández, nato nel 1970 a L'Avana, è un medico specializzato in Medicina Generale Integrale e Psichiatria. Vanta una carriera professionale e accademica di rilievo, supportata da diverse pubblicazioni su etica e teoria dei valori.

Con una vasta esperienza in psicoterapia e nel supporto alle persone per superare situazioni difficili, il Dr. Sánchez Hernández ha dedicato gran parte della sua carriera alla promozione della salute mentale e dello sviluppo personale.

Attualmente risiede a Maun, in Botswana, dove lavora come psichiatra. Il suo impegno per la salute mentale e il benessere individuale lo ha reso un professionista altamente rispettato, sia nel suo paese d'origine che nella comunità in cui vive attualmente.

Scopri altre mie opere su:

https://books2read.com/asanchez

~~~

www.ingramcontent.com/pod-product-compliance
Lightning Source LLC
LaVergne TN
LVHW091120150826
845673LV00002B/912

* 9 7 9 8 2 3 0 3 0 2 7 8 0 *